思想政治教育读物

高校辅导员思想政治教育实践探索

北京高校辅导员素质能力提升参考

王显芳◎主 编

时 事 出 版 社
北京

受首都大学生思想政治教育研究重点课题“高校辅导员队伍建设科学化研究”（项目编号BJSZ2017ZD01），北京师范大学宣传思想工作专项课题重点课题“新时代高校宣传思想工作队伍建设研究”，“北京师范大学辅导员队伍建设学术团队”经费支持

编委会

前　言

教育部高校辅导员教育和研修基地（北京师范大学）成立于2007年，是北京市唯一的教育部高校辅导员教育和研修基地。在北京市委教育工委的支持与指导下，从2013年开始，基地先后承办了六届北京高校辅导员素质能力大赛，筹备比赛、指导备赛等工作环节和机制日臻完善，为北京市培养了一大批辅导员精英，包括北京师范大学的高超、任雅才、倪佳琪，北京科技大学的孙晓丹，北京林业大学的刘伟以及首都师范大学的李颖、王洵等。任雅才已经成长为中宣部和教育部评出的首届全国最美辅导员，任雅才、孙晓丹荣获全国辅导员年度人物称号，刘伟、高超荣获全国辅导员年度提名奖。

以赛促学、以赛代训。对于辅导员自身而言，高校辅导员素质能力大赛已经成为展现自身精神风貌、专业水平和职业能力的有效载体和良好平台。对于整个高校辅导员队伍而言，大赛为辅导员做好工作确立了一个科学的标准，突出了辅导员工作的导向。它指明了我们现阶段开展工作应该聚焦的具体问题，更标示着高校学工工作孜孜以求的前进方向。辅导员参加比赛其实就是一个发声和亮剑的过程，是要告诉学生、高校以及全社会——我们辅导员是一个什么样的存在，在做什么样的事情，在从事着怎样的事业。

对于每一位高校辅导员而言，辅导员这个身份意味着奉献和使命。这一群体以“立德树人”为基本目标，以“爱护学生、关注其身心发展”为基本责任，以“一切为了学生、为了学生的一切”为基本追求，从日常微小的工作中培养职业热情，感受职业幸福。在新的形势下，党中央明确要求，高校要坚持社会主义的办学方向。辅导员要勇于回应党和国家对我们的要求与期待，要敢为人先，积极引导学生适应国家战略的需要，适应经济社会发展的需求；要以为党育才、为国育人为己任。

辅导员参加高校辅导员素质能力大赛，是为了追求和实现自我突破。然而，比赛仅是个人突破的起点，却不是终点。既然选择了参赛，就要勇敢地进入“选手”这个角色，把比赛与现实切割开来，全心投入到比赛中。比赛是比赛，不能将它单纯地看作一项工作，消极被动，敷衍塞责。比赛是我们自己的选择，我们要通过比赛来实现各种超越。如果无法划清工作与比赛的界线，也就没办法实现超越，因为千丝万缕的联系都会成为我们进步的牵绊。促使我们进步的力量不仅来自于外界的要求，更来自于我们自己内心对于自我突破的渴望。“仰天大笑出门去，我辈岂是蓬蒿人!”这也是我们每一位参赛选手必须具备的品质。努力修炼，做自己的“男神”和“女神”。我们心中必须时刻关注自己，如果尚有欠缺，那就努力去树立这样的意识。作为参赛选手，首先要高度地认可自己，“海到无边天作岸，山登绝顶我为峰”，切不能过度关注别人的光环而妄自菲薄。

辅导员大赛实际上也是大家聚在一起交流沟通、观摩学习、取长补短、并肩作战的平台和契机。每一位选手都是独一无二的，我们的依靠就是自己，我们的对手也是自己。比赛是一个不断战胜自我、不断进步的过程。在这个过程中，无论是参加校级赛、北京赛还是全国赛，我们从来都不是一个人，不是在孤军奋战。比赛中的队友甚至对手都是我们相互激励、共同奋战的伙伴。“三人行，必有我师焉”，从彼此的身上，我们一定可以看到值得自己思考和学习的闪光点。人的进步实际上就是境界和水平的提升，境界决定了人的影响力，通过彼此间的交流和比赛的历练，每一位选手的境界都会有所提升，继而很多问题和困难也会迎刃而解。在一个团队里，最重要的就是给予彼此支持与帮助。“千人同心，则得千人之力；万人异心，则无一人之用。”

本书是几位全国优秀高校辅导员和两位市赛组织者备赛的智慧结晶。其中 4 位优秀辅导员都是全国辅导员能力大赛的佼佼者，曾获全国赛二等奖、三等奖以及华北赛区一等奖、北京赛区一等奖等不俗成绩。他们通过自己的总结和打磨，把在比赛中的所思所感所获记录了下来。中国农业大学的刘亚楠、北京师范大学的殷实撰写了案例分析章节，北京师范大学的任雅才、倪佳琪撰写了谈心谈话章节，他们对决赛中的这两个环节做了细致的梳理和精准的分析。另外，我们把几位北京优秀辅导员理论宣讲的文稿也编入其中，希望能对提高辅导员的理论宣讲水平有所帮助。本书由王显芳负责策划和统稿。

使命呼唤担当，使命引领未来。辅导员在工作、学习以及职业能力提升的道路上定要不忘初心、牢记使命、勿负今日。我们要在习近平新时代中国特色社会主义思想和党的十九大精神的指引下，砥砺奋进，奋发有为，努力把青春学子培养成社会主义事业的合格建设者和可靠接班人。

心怀美好，就会遇见美好！祝本书的每位读者，每天都可以邂逅最美的遇见！

王显芳
2020 年 11 月

目　录

案例分析

谈心谈话

理论宣讲

往年例题

案例分析

一、案例分析概述

辅导员是开展大学生思想政治教育的骨干力量，是高等学校学生日常思想政治教育和管理工作的组织者、实施者、指导者。教育部43号令《普通高等学校辅导员队伍建设规定》明确了新形势下辅导员工作的要求职责与职业守则：爱国守法、敬业爱生、育人为本、终身学习、为人师表。自2012年，由教育部思政司主办、全国高校辅导员工作研究会承办的全国高校辅导员素质能力大赛成为有力推进高校辅导员队伍专业化、职业化发展的重要路径之一，各地通过认真组织大赛各个项目的学习，有效实现了在比赛中全面提高各方面工作能力的目的。

案例分析作为全国辅导员素质能力大赛的重要环节，是辅导员日常思想政治教育工作中接触最多，也是最能体现辅导员工作能力和水平的环节。准确把握和分析每一个案例，无论是对参赛应试还是实际的学生工作而言，都具有重要的意义。每一个工作案例不仅再现了“辅导员应当努力成为学生成长成才的人生导师和健康生活的知心朋友”的生动场景，而且成为辅导员日常工作的缩影。

对案例的总结与分析既是对工作的分析总结，也是对工作的凝练提高。高校思想政治工作是一个复杂的系统工程，随时会出现各种各样的新问题，这就需要辅导员去协调解决，帮助学生成长。每一个案例的解决过程既是摸索育人的过程，也是积累经验和不断提高工作效率的过程。每一个案例的解决，都需要根据工作对象的特点和事件的性质，准确研判、迅速上报、主动出击、追踪反馈，这份工作的性质决定着每一个案例的解决只能成功，不能失败。从案例中学习、在案例中总结是提高辅导员工作能力的有效途径。

二、辅导员素质能力大赛中的案例分析

辅导员在日常工作中接触的每一个学生和处理的每一件事情都可以归纳为一个工作案例，对案例的准确分析和精确把握是辅导员的一项基本工作要求，也是素质能力大赛的重点考查内容。案例分析是辅导员素质能力大赛中一个关键的环节。按照现行赛制安排，案例分析环节是大赛比赛中的第二个环节，也是进入第二阶段比赛的重要环节之一。从大赛的工作方案上看，对案例分析环节的描述简洁明了，即主要考察辅导员分析问题、研判问题、解决问题的能力。参赛选手现场抽题，围绕案例中的问题本质、解决思路、实施办法及相关启示进行阐述。比赛限时 5 分钟，选手需在 5 分钟的时间内，通过三项能力的考验，原则上要从“问题本质、解决思路、实施办法及相关启示”四个方面破题回答。

案例分析作为全国高校辅导员素质能力大赛的重要环节，可以充分展示辅导员工作能力和水平。素质能力大赛与实际工作都要求准确把握和分析每一个工作案例。通过对日常工作中遇到的学生工作案例进行分析和归类，总结不同的解决策略，既有利于提高解决学生工作实际问题的能力，也利于有效掌握学生工作案例的应赛方法及技巧。从历年的省赛、区赛及决赛的题目看，所有题目全部围绕工作中常见的重点、难点、热点问题展开，立足最新精神指示，紧跟学生思想特点和日常工作热点。总结看来，不难发现，所有题目按照工作类型划分，全部围绕教育部 2014 年印发的《高等学校辅导员职业能力标准（暂行）》中对高校辅导员在思想政治教育、党团和班级建设、学业指导、日常事务管理、心理健康教育与咨询、网络思想政治教育、危机事件应对、职业规划与就业指导、理论与实践研究九方面辅导员职业功能的工作内容展开。题目主要考查辅导员综合运用有关法律法规、政策文件、教育学、心理学、日常事务管理等方面的知识和技能，考验辅导员处理突发性、群体性危机事件以及对学生群体特点的了解掌握、思考研究及语言组织表达等方面能力。

大赛中的案例分析既来源于工作，又高于工作。一方面，15 分钟的准

备时间内，需要迅速定性、准确判断、形成方案、流畅表达，可以说综合考察了辅导员的判断分析、语言表达及现场表现等多方面能力，是整个大赛中最具挑战性的一个环节。另一方面，从开始到结束，比赛需要一个人完成，没有任何支持系统，辅导员需要具备强大的心理素质、丰富的经验及良好的现场发挥能力。

三、案例分析评分标准及备赛经验

（一）案例分析评分标准

全国辅导员素质能力大赛案例分析题评分标准：判断正确、分析透彻，解决问题思路清晰、方法得当，善于总结提炼、举一反三。

（二）案例分析备赛经验

大赛中的案例分析环节从拿到题目到上场答题只有15分钟的准备时间，在此时间内有效完成破题、解题并理清答题思路，对于每一位参赛辅导员而言都是巨大的挑战。从理清答题思路、掌握作答的原则出发，避免容易出现的各种问题，充分备赛，基本可以在题目中找到思想政治教育相关原理、理论、政策、法规和日常工作，从而从容应答，充分展示自身工作水平。

1. 理清答题思路

在案例分析环节，答题框架和思路是基础，有了清晰的框架、明确的思路，案例分析基本作答内容也会充实饱满，剩下的就是在现场作答时，以这个框架思路为基础，充分展示自我工作风采。近年来的辅导员素质能力大赛通知中均隐藏了案例分析环节的答题框架和思路：参赛选手现场抽题，围绕案例中的问题本质、解决思路、实施办法及相关启示进行阐述。从大赛通知要求中不难发现，按照所规定的问题本质、解决思路、实施办法、相关启示这四个环节搭建作答框架和思路，基本上可以实现对案例的透彻分析并完成总结思考。

找准问题本质。按照大赛保密要求，评委及观赛人员通过主持人介绍获知案例内容，参赛选手可通过提供的案例内容中的几个关键词准确定位问题本质，既避免赘述题目内容，又可以让评委及观众根据提供的关键词理解选手定位的“问题本质”。根据历年来大赛题目的整理分析及《高等学校辅导员职业能力标准（暂行）》《普通高等学校辅导员队伍建设规定》中辅导员工作职责要求及功能定位，所有案例的本质均可归结为辅导员九大工作工作职能中的某一个或者其中某几个的复合。九大工作职能包括：思想政治教育、党团和班级建设、学业指导、日常事务管理、心理健康教育与咨询、网络思想政治教育、危机事件应对、职业规划与就业指导，以及理论与实践研究。从第六届全国高校辅导员素质能力大赛案例分析题目中看，复合型题目越来越多，且大赛越来越注重考查辅导员对法律法规、政策文件的理解应用。题目类型及内容与学生最新的思想特点、变化的教育环境密切相关，但问题本质不会偏离辅导员的九大职能定位。

准确定位问题本质可以说是最难也是最简单的环节，难在必须准确定位，否则容易偏题跑题；易在所有问题的本质都能在辅导员九大职业功能中找到。案例本质定位准确对接下来整个案例分析答题思路的确定也是至关重要的。

提出解决思路。根据定位的问题本质及实施办法的框架总结概括解决思路，简单来说，解决思路是实施办法的摘要，要高度概括阐述实施办法。应理论与实践相结合，即依据什么样的理论，运用什么样的方法，解决什么样的问题。

解决思路的理论依据基本上可以从思想政治教育工作及辅导员工作的相关重要文件中找到，既有理论依据，又有实践指导意义。2004 年颁布实施的《关于进一步加强和改进大学生思想政治教育的意见》中提到加强和改进大学生思想政治教育的基本原则是：坚持教书与育人相结合；坚持教育与自我教育相结合；坚持政治理论教育与社会实践相结合；坚持解决思想问题与解决实际问题相结合；坚持教育与管理相结合；坚持继承优良传统与改进创新相结合。2016 年，习近平总书记在全国高校思想政治工作会议上提出围绕学生、关照学生、服务学生，要因事而化、因时而进、因势而新，遵循思想政治工作规律、遵循教书育人规律、遵循学生成长规律……解决思路的理论依据都能从中找到。

明确实施办法。实施办法是在解决思路的框架和指导下，具体分布解决问题的关键，也是能够展示工作经验以及工作高度、深度的重要环节。这需要结合案例的本质和解决思路，详细罗列每一步解决措施，办法需贴近工作实际、学生实际及案例实际，从微观角度阐释解决的每一个步骤。一般从了解事件及当事学生背景、问题解决、跟踪教育三个阶段条理阐述，危机事件处理则按照危机事件预案解决。

总结案例启示。案例启示主要考察辅导员的工作视野和分析能力，将案例从多角度、多思维来考虑、分析、判断，得出更广泛的经验启示。启示部分要有些学理的思考，从点到面、从微观到宏观、从个案到共性，以前沿理念、最新研究、学术方法来答题阐述。案例启示不仅是对题目中涉及到的案例分析处理解决进行总结提高，也是对辅导员日常相关工作的反思总结。案例启示要有理论高度和实践深度，避免泛泛而谈、与题无关。参赛者还应通过案例启示总结相关工作的应对技巧，并以此为例，避免工作中出现此类问题。同时，案例启示也是整个案例分析中总结升华的部分，可以充分体现辅导员的理论素养、经验积累及综合素质。

2. 掌握作答原则

案例分析中虽然不会出现完全相同的题目，但所有案例均来自工作，辅导员可在总结工作及学习培训中逐步掌握解题技巧。

作答的规范性。在 5 分钟的作答时间内，如果不按照规范或者没有自己的逻辑规范，评委及观摩人员的听感效果就会极其不佳。因此，按照规矩，或者说为了给评委明确的答题框架，答题程序的规范性非常重要，建议选手按照案例分析环节的要求，从案例本质、解题思路、实施办法、案例启示四个方面规范作答，且用明确的顺序词及关键词让所有听众明确作答程序及环节。同时，在作答时，应使用规范、科学的学术语言，以体现良好的理论知识储备及日常工作的科学性。

措施的针对性。在找到关键点、明确案例本质后，回答要有针对性。参赛者应根据案例中出现的人物关系、事件发展态势及其中包含的工作内容，认真剖析。同时，实施方法一定要有针对性，不能生搬硬套之前的“套路”，具体问题要具体分析。

表达的系统性。5 分钟的回答时间内，要按照作答程序的规范性要求，做到表达有层次，由浅及深、先后有序、主次分明，从多角度、多层面剖析案例。

四、案例分析基本方法

解决案例分析问题，通常可以采用“要素分析法”“人物分析法”“情景分析法”等方法。

（一）要素分析法

要素分析法的五个要素简称为“5W”，即何时（when）、何地（where）、何事（what）、何因（why）、何人（who）五个方面。在分析案例的过程中，以“5W”为线索，有助于迅速掌握案例中的关键要素，建立答题逻辑。比如，题干中可能没有明确提到某年某月某日，但题干中如果提及“你是大一班级辅导员”，就应联想到入学适应问题；出现“在宿舍”字样，应当考虑到宿舍关系问题；学生在活动中受伤，应当考虑活动主办方是谁，地点是在校内还是校外等。

（二）人物分析法

人物分析法是以案例中出现的人物为线索挖掘解题思路并延伸解答内容。具体而言，在案例分析中，要考虑到与分析对象相关的所有人，如宿舍成员、恋爱对象、学生父母、亲密伙伴等。比如，在大学生想要休学创业的案例分析中，应当考虑到学生的合作伙伴条件是否成熟、父母是否支持等因素。

（三）情境分析法

情境分析法是以不同情境下对辅导员的工作要求为根据破解答题思路的。比如，在危机事件处理中，辅导员要思路清晰地分析形势，摆正位置，一方面及时向领导汇报，另一方面第一时间到达现场处理危机。若涉及教育管理问题，辅导员应当直视问题，正面教育，不能避而不谈，甚至又哄又骗。

（四）思维分析法

习近平总书记2017年5月3日在中国政法大学考察时指出："养成了历史思维、辩证思维、系统思维、创新思维的习惯，终身受用。"开展案例分析，也可以从这四个思维出发。首先，运用历史思维，在历史长河中探寻事物的发展规律，分析案例中所涉问题的来龙去脉。其次，运用辩证思维，通过两点论和重点论，抓住问题的关键，解决案例中的重点。再次，运用系统思维，从全局出发，把握案例中不同细节之间的关联性。最后，运用创新思维，因事而化、因时而进、因势而新。

五、案例分析题目类型

《高等学校辅导员职业能力标准（暂行）》中将辅导员职业能力分为九大方面的内容，这些内容基本可以覆盖案例题目，因此可以将案例分析主题分为思想政治教育主题、党团和班级建设主题、学业指导主题、日常事务管理主题、心理健康教育与咨询主题、网络思想政治教育主题、危机事件应对主题、职业规划与就业指导主题等。案例分析题目有时为单一主题，有时也会有多个主题交叉出现，这要求辅导员分清主次，处理问题时既要涵盖全面，又要各个击破。

（一）思想政治教育主题

近年来，高校辅导员素质能力大赛比较侧重于考察思想政治教育尤其是意识形态等方面的内容，这体现了党和国家对辅导员工作的要求。在案例分析的过程中，辅导员要保持坚定的政治立场，应用思想政治教育基本理论和基本方法，坚持不懈地传播马克思主义科学理论以及马克思主义中国化相关理论及知识，引导学生确立在中国共产党领导下走中国特色社会主义道路，实现中华民族伟大复兴的共同理想和坚定信念。

在分析思想政治教育类案例时，尤其要注意以下几大类型的题目：

1. 意识形态类

意识形态类案例分析题目主要包含学生参加境外社会组织、质疑主旋律活动意义以及专业课教师课堂讲授违反相关纪律等类型。

解决学生参加境外社会组织类题目时，辅导员首先应当全面了解情况，辨别社会组织的性质，向同学明确绝对不能参加非法组织开展的任何活动。如学生确实参加了非法境外组织并根据该组织授意在境内开展活动，辅导员应当正锋亮剑，对学生开展批评、教育和引导工作，并努力配合相关部门展开调查。如学生参加的是合法组织，辅导员也应对学生进行跟踪指导。当学生提出请假参加境外社会组织的活动时，应当按照《普通高等学校学生管理规定》等规定，向学生明确请假的程序和规则。在此类案例中，辅导员还应该对学生加强国家安全教育及个人防范意识教育，谨防学生相关实践活动成果被歪曲利用等。

例题 1：

刘某，女，大二暑假期间在家长的支持下参加海外志愿者活动，赴印度尼西亚从事志愿支教工作，接触了许多具有多元文化背景的人。回校之后，她在境外人员资金支持下，设计制作了宣传单，广泛张贴，招聘组织成员，保卫部门找到她时，她拒绝说出资助者，作为她的辅导员，你该如何应对？

解决学生质疑主旋律活动意义的案例，首先应找到"意见领袖"，从关键少数下手开展思想政治教育工作；同时，全面了解学生的思想动态，教育引导学生正确认识活动的目的和意义。在工作方法上，应注意将第一课堂和第二课堂相结合、线上和线下相结合：一方面，充分利用主渠道、主阵地开展思想政治教育；另一方面，利用第二课堂加强思想政治工作的针对性和亲和力，以学生喜闻乐见的形式和语言开展主题教育。

例题 2：

院系团委正在举行"我为社会主义核心价值观代言"的主题活动，可你发现有部分同学对此有不同意见，并在网上发帖称某学校举办洗脑活动、培育五毛等。作为辅导员，你该如何处理？

2017 年的全国辅导员素质能力大赛决赛案例分析中，就出现了一道专业课教师课堂讲授违反相关纪律的题目。遇到此类题目，辅导员首先应该明确政治立场，点明"学术研究无禁区、课堂讲授有纪律"，并在第一时间了解实际情况，准确把握事实及影响，并采取针对性措施。

例题 3：

一位海归青年教师在课堂上批评中国的一元意识形态现状，并发表了一些较为偏激的言论，一位学生党支部书记向你反映了这一情况。作为辅导员，你该如何处理？

2. 宗教类

宗教类题目也是近年的热点，经常与党员发展、教育以及学生违纪处理等问题做捆绑考察。

共产党员不得信仰宗教。在 2016 年 4 月召开的全国宗教工作会议上，习近平总书记明确指出："共产党员要做坚定的马克思主义无神论者，严守党章规定，坚定理想信念，牢记党的宗旨，绝不能在宗教中寻找自己的价值和信念。"共产党员不能信仰宗教，不能参加宗教活动，也是党的纪律要求。2002 年，《中共中央、国务院关于加强宗教工作的决定》指出："共产党员不得信仰宗教，要教育党员、干部坚定共产主义信念，防止宗教的侵蚀。对笃信宗教丧失党员条件、利用职权助长宗教狂热的要严肃处理。”因此，对于入党积极分子，应当明确纪律要求，引导其树立科学的宗教观念，坚决不能发展有宗教信仰的人。对于信教的党员，应当严格批评教育，既正面批评，又要注意教育的方式方法，让同学明白其中的道理。

为了妥善应对宗教类题目，辅导员应当熟悉宗教相关的法律法规内容，如《中华人民共和国教育法》第八条规定：“国家实行教育与宗教相分离。任何组织和个人不得利用宗教妨碍国家教育制度的活动。”对于有宗教信仰的同学，辅导员应当做好深入细致的思想政治工作和团结工作，做好信教学生这个特殊群体的群众工作，联系群众、服务群众、凝聚群众，发挥党员在抵御和防范校园传教渗透中的先锋模范作用。对于对宗教感兴趣的同学，辅导员应当针对不同的实际情况因地制宜地解决问题，并坚持解决思想问题与解决实际问题相结合的原则。例如，很多宗教势力对经济困难的群体下手，通过经济资助开展渗透工作，针对此情况，辅导员应当多关心关注困难学生，关心他们的日常生活，利用国家和学校庞大的资助体系帮助学生解决实际问题。

需要注意的是，无论是否信教，以参加宗教活动名义请假的学生都应当遵守校规校纪，这是作为一名学生应当履行的义务。对于参加非法宗教活动的学生，辅导员应当明确态度、严肃纪律、批评教育，坚决不能放任或隐瞒。

随着社会的发展、国际交流的加强，有些非法组织和势力利用寒暑期社会实践、相关节日等对学生进行宗教渗透。面对这种情况，辅导员应将节假日防宗教渗透融入学生安全教育中，提前部署、明确要求，建立健全管理机制与信息联络机制，关注学生假期生活。对于假期内离校时间较长的学生，要了解其主要去向、行程安排及活动内容等信息。此外，很多学生在参加相关活动时缺少安全防范意识，辅导员应加强国家安全教育，有针对性地做好思想政治工作，同时加强有关行为的引导和管理，掌握大学生思想状况和思想动态，确保能够实时开展思想政治工作。

例题1：

在入党推优过程中，有同学向你举报入党积极分子小梦同学信仰存在问题。经了解，小梦同学家庭贫困，家中曾接受基督教捐赠，自身受基督教徒资助读书，因此小梦心怀感激，课余时间会参加教堂活动，晨读诵读了《圣经》。你该如何处理？

3. 少数民族学生工作类

在开展少数民族学生工作的过程中，首先，辅导员应当牢固树立大局意识和全局意识。对于少数民族学生，既对他们一视同仁提高教育质量，又要从这一群体的特殊性出发因材施教，开展爱党、爱社会主义、爱国主义教育，引导学生树立良好的"祖国观""民族观"。其次，辅导员要设身处地地为少数民族学生答疑解惑、帮困解难，尊重少数民族的风俗习惯，把促进少数民族学生健康成长和全体学生良好发展有机结合起来。为了达到上述目标，辅导员应当在大学新生入学教育阶段，组织力量对少数民族学生进行有针对性的个别辅导和团体辅导工作；通过学业帮扶和资助工作等，帮助少数民族学生解决学习、生活上的实际问题；通过党团组织的工作，积极吸纳优秀少数民族学生入党。

例题 1：

维吾尔族学生小尼上大学以来积极表现，争取入党。大二上学期，小尼在团推优过程中因学习成绩不佳而未能获得推优资格，丧失了入党机会。为此，他十分沮丧。作为辅导员，你该如何处理？

（二）党团和班级建设主题

党团和班级建设是辅导员日常工作中经常遇到的问题，在案例分析的过程中，应注意方法原则的提炼，创新工作思路和方法，真正做到以赛促学，促进实际工作的进步。

1. 党建工作类

在全面从严治党、"两学一做"学习教育常态化制度化背景下，党员的教育培养和基层党组织的建设工作尤为重要。首先，辅导员应当熟练掌据《中国共产党章程》《中国共产党发展党员工作细则》《普通高等学校学生党建工作标准》等相关文件，明确关于党员发展、教育培养各个环节的相关规定。其次，在案例分析的过程中，涉及党建工作类型的题目时，应当做到有理有据，坚持政治原则。针对学生入党问题，不哄不骗，严格考察积极分子入党动机，通过党的理论、党的历史教育感染等多种形式帮助同学端正入党动机，严格遵守党员发展程序；对于党员学生，应当严格按照“四个合格”要求自己，树立“四个意识”，不允许任何形式的信仰漏洞、思想隐患存在。辅导员应当在建立党员教育管理的长效机制上下功夫，结合同学的成长需求和社会发展大势，不断创新党建工作的方式方法，为培养又红又专、德才兼备的中国特色社会主义合格建设者和可靠接班人奠定基础。

近年来，党建工作类案例分析题目经常和思想政治教育、日常事务管理、网络思想政治教育等类型的题目合并进行考察，选手在答题过程中应当统筹兼顾。

例题 1：

您是某本科生班辅导员，班里有位大三的学生学习成绩优秀、社会工作突出，某天找到您主动递交了入党申请书，并表示入党有助于将来找到好工作，希望能够加入中国共产党。面对这种情况，您会怎么处理？

2. 学生干部选拔培养类

对于学生干部的选拔和培养，辅导员应当坚持教育与自我教育相结合、教育与管理相结合的原则，引导学生干部在服务与奉献的过程中成长进步。同时，加强制度建设与规范管理，完善选拔、考核、监督、激励等政策，排除在评奖评优过程中同学们的质疑与意见。此外，还应发挥优秀学生干部的榜样示范作用，引导学生成为有理想、有追求、有担当、有作为、有品质、有修养的“六有”大学生，而不是“小官僚”。关于学生干部的培养，可以从时间管理、生涯规划、心理疏导、跟踪发展和廉洁教育等几个方面展开。

例题1：

小马，大二，性格开朗，有一定的文艺特长，在该班的班委会民主选举中被推为班长。该同学尊敬师长，待人彬彬有礼，一开始给师生的印象很不错，但是随着时间的推移，辅导员发现该学生做事非常毛躁，在办理火车票优惠卡等关乎同学利益的事情上因不认真而出现不少问题。后来，辅导员接到班级团支书的电话，说班上同学对班长意见很大，“集体倒戈”，已经通过民主会议把班长给撤了。作为辅导员，你该如何处理？

（三）学业指导主题

学业指导主题类案例分析题目主要包括专业兴趣、学业困难、考试作弊等类型。

1. 专业兴趣类

对于专业兴趣类题目，辅导员应当把握新生入学教育的重要节点，加强专业认知教育，充分发挥学科带头人、专业课教师和优秀学长的作用，帮助学生增强专业认知、树立专业兴趣。此外，辅导员可以通过主题班会帮助学生树立合理的学习目标并进行职业生涯规划，引导学生增强学习动力。对于经过教育引导始终要求转专业学习的同学，也应该正确对待，帮助他们通过职业生涯规划正确认识专业选择，不强留、不误导。

例题1：

某学生服从志愿被招到我校一专业，报到后对所学专业不感兴趣，强烈要求转专业，却因多种原因没能如愿而思想消沉，经常逃课、上网，并逐渐封闭自己，不参加班级活动，与同学关系疏远。作为辅导员的你该如何与他交谈？

2. 学业困难类

对于学业困难类题目，应当采取“点面结合”的方式。一方面，对学业困难的学生进行深度辅导，深入谈心谈话，帮助学生树立信心，鼓励学生制定合理的学习目标，激发学习兴趣与动力；另一方面，通过朋辈帮扶，发挥学习优秀同学、班干部、学生党员、宿舍同学的帮助带动作用，在朋辈帮扶中促进学生实现自己的短期目标。对于学业困难的同学，辅导员还可以与学生家长沟通具体情况，与家长共同做好鼓励、监督工作，家校联合，形成合力。为了从根本上解决学业困难问题，建立良好的班风学风，辅导员应该建立学业预警机制，早发现、早预防、早干预、早解决。

例题 1：

学生小林，自制力较差，由于迷恋网络游戏，他在大二学年结束时，出现多门课程挂科且补考未通过的现象。面对这样的情况，作为辅导员的你该如何与他交谈？

3. 考风考纪类

对于考试作弊的案例，辅导员应当坚持“教育与管理相结合”的原则，熟练掌握《普通高等学校学生管理规定》中关于学生考试作弊的相关处分，对违纪学生严肃批评教育，绝不能以任何理由包庇、纵容违纪学生。辅导员还应当鼓励学生靠自己的努力通过取消成绩的科目，积极表现，尽早按照相关规定撤销处分。在处理考风考纪类案例时，辅导员还应注意在考试前营造优良的考风，通过主题班会、案例分析等方式让同学们认识到诚信参考的重要意义，以点带面地做好诚信教育，建立诚信档案，加强诚信管理，营造风清气正的校园环境和考试风气。

例题 1：

你是大二年级辅导员，班里有一个来自偏远农村家庭的女孩，学习刻苦，各科成绩均列班级前茅，但英语基础不好，担心过不了英语四级而失去获得奖学金的机会，因此铤而走险在全国大学生英语四级考试中夹带舞弊，被学校给予“留校察看一年”的处分。经过了解，你知道这位同学确实有自己的苦衷，她想获得奖学金以减轻家庭的经济压力，结果走上舞弊的“歧途”。对此，作为她的辅导员，你会如何回应？

（四）日常事务管理主题

大学生日常事务管理包括开展新生入学教育，做好毕业生离校教育、管理和服务工作；组织好学生军训工作；有效开展助、贷、勤、减、补工作，落实好家庭经济困难学生的资助工作；做好学生奖励评优和奖学金评审工作；为学生的日常事务提供基本咨询，进行生活指导；指导学生开展宿舍文化建设，促进学生和谐相处、互帮互助等几个方面，范畴较广。学生日常事务管理类的案例分析题目经常融合在其他类型题目之中，较少单独考核。这就要求辅导员在案例定性的过程中能够迅速判断出案例中与日常事务管理相关的信息，准确定性，这样在后面的回答中才能有所对应。比较常考核的有军训工作类、资助工作类、评奖评优工作类、宿舍文化建设类。

1. 军训工作类

辅导员应当通过宣讲和谈心等多种形式做好学生军训动员工作，指导学生积极参与军训。对于军训态度不端正、在军训过程中有违纪行为的同学，应当坚持“教育与管理相结合”“教育与自我教育相结合”的原则，规范管理，协助相关部门做好军训工作。同时，辅导员可以通过歌咏比赛等多种形式的学生活动宣传加强国防教育的必要性和重要性，引导学生强化理想信念，将学生军训与新生入学教育和新生入党教育紧密结合起来。在解决军训类案例分析题目的过程中，还应利用“人物分析法”，注意与军训教官和学生家长进行沟通与配合，形成全员育人之合力。

例题 1：

吴同学，男，大一新生，身高 1.85 米，相貌英俊。军训第一天，全年级所有学生都集合完毕，正随着教官的口令进行队列训练，吴同学才在辅导员接二连三的电话催促下姗姗来迟。他身穿沙滩休闲短裤与宽松 T 恤，脚穿拖鞋，这一与众不同的打扮在统一着装的军训场地立即引起同学们一阵尖叫声。教官十分气愤，批评了他，他便与教官产生了争执。作为辅导员，你该如何处理？

2. **资助工作类**

资助工作应做到公平公正和精准资助。首先，辅导员应当熟练掌握国家和学校的各项资助政策，保证针对不同的学生推荐不同的资助类型，从而达到资助育人的效果。其次，在资助工作中，辅导员还应注意对受资助同学进行自立自强教育，引导学生“使顺境、逆境都成为人生的财富而不是人生的包袱”，树立正确的人生观、价值观，不妄自菲薄也不心高气傲，树立阳光的心态，通过奋斗获得美好的生活。

例题 1：

大一学生小黄入学初向学校递交了家庭困难情况调查表，显示父母均为农民，家庭每年的人均收入很低。但是他跟辅导员说，不愿意申请国家助学贷款，觉得借钱是一件不光彩的事情。学校为他提供了食堂清洁员的一个勤工助学的岗位，他却认为做清洁员很没有面子，找到辅导员，希望能够把自己调换到图书馆阅览室值班员的岗位上，这样他就能够有更多的时间学习。若想帮助贫困学生摆脱“面子”困扰，作为辅导员的你该如何与他交谈？

3. **评奖评优工作类**

在评奖评优工作中，辅导员应坚持公平公开公正和奖优的原则，并严格执行公示等程序。此类案例中最常见的是有学生对评奖结果提出质疑，这也是辅导员工作中会切实遇到的问题。面对质疑，辅导员应该做到理性接受，并根据相关规定和评选规则耐心解答，做到管理育人、服务育人、制度育人。应当注意的是，学生应当在公示期内通过正当的方式提出质疑，而不应该在无理无据的情况下随意通过社交平台等发表不负责任的言论，对于这类同学，应当严肃批评教育，并通过合适的方式消除负面影响。奖学金评定规则往往是在实践中不断修订的，辅导员也应该注意反思工作流程和制度设计中不合理的地方，通过正当的渠道向有关部门反映，因事而化、因时而进、因势而新，促进评奖评优工作更好地实现育人效应。

例题 1：

如果一位同学不断向周围同学抱怨学校评奖学金、助学金的制度不合理，还在院长信箱里写了不少意见，他的举动引起不少老师和同学的关注，当得知这一情况后，作为辅导员的你该如何与他交谈？

4. 宿舍文化建设类

宿舍是开展大学生思想政治教育的重要阵地。良好的宿舍文化环境建设对于学生的成长和发展具有重要意义。与此同时，宿舍也是矛盾频发的集中场所。作为辅导员，一方面，应当在新生入学之初，通过团体辅导、建立宿舍契约、主题班会等多种形式开展集体主义教育，为学生建立良好的宿舍文化和宿舍关系奠定基础；另一方面，在发生宿舍矛盾时，辅导员应当针对个体和群体，分别做好教育引导和管理服务，坚持“解决思想问题与解决实际问题相结合”的原则，帮助个体解决实际困难，帮助宿舍解决群体问题。这里涉及的个体问题主要是学生生活困难、学业困难、人际关系障碍等问题，从个体出发，解决学生的实际困难才能从根本上解决宿舍矛盾。

有些案例中会涉及宿舍内盗窃等学生违纪违法相关问题，辅导员应当坚持“教育与管理相结合”的原则，依规依法严肃处理。但更重要的是，辅导员应当透过现象看本质，注意发现学生是否存在人格障碍等心理问题，帮助同学健康成长。在宿舍安全类案例分析中，辅导员应当做到以点带面，通过班会、实践参观等形式，加强安全教育和法治教育。

例题 1：

某学生为家庭独生子女，在宿舍 A 与同学经常发生矛盾，后经他本人要求，辅导员慎重考虑后予以调到宿舍 B。但是到宿舍 B 后，他又与宿舍 B 的同学产生矛盾，此同学这时还想调宿舍，但却是想把宿舍 B 的一些同学调出去，作为辅导员的你该如何与他交谈？

（五）心理健康教育与咨询主题

心理健康教育与咨询是辅导员日常工作中经常运用的工作方式，同时也是辅导员的重要工作内容，案例分析中主要包括人际关系类、学生情感类、心理疾病类。

1. 人际关系类

大学生人际关系是困扰很多大学生的实际问题，解决人际关系问题的根本在于学生个人是否具有健全的人格和健康的心理素质。对于人际关系障碍的同学，辅导员应当全面了解学生的家庭背景、成长环境等因素，帮助同学克服心理障碍，积极投入新的人际关系当中。在个人人格发展中，努力确立自我边界。在人际交往中，应消灭“嫉妒、猜忌和依赖”这三个敌人，培养良好的人际交往能力。学生可以通过参加团体辅导、心理讲座等多种渠道实现自我发现、自我成长。辅导员同时应当理性判断，在遇到严重的人际交往障碍甚至可能涉及人格发展等问题时，需要转介到专业的心理咨询或治疗机构。

例题 1：

来自农村的大一女生英子，个性偏执，敏感多疑，人际交往技巧不足，换了寝室后仍无法与室友友好相处，上课时没有一位同学愿意和她坐一排。为此，她感到悲观绝望欲跳楼自杀。作为辅导员，你如何与她谈心呢？

2. 学生情感类

面对学生情感类案例，辅导员首先应当明确的是，大学生的主要任务是学习和个人发展，而不是谈恋爱。根据斯滕伯格的爱情三要素理论，稳固的爱情应该由亲密、激情、承诺三个要素共同构成，大学生应当在青年时期形成健康的恋爱观，正确看待恋爱与失恋，不应把爱情看成生命的全部，更不应因感情挫折而盲目否定人生、否定自我。

例题 1：

男生小磊和女生小琪在学校相识后，确定了恋爱关系，但是他们相处得不太顺利，总是吵吵闹闹的，最后分手了。小琪很伤心，待在宿舍里不吃不喝，也不去上课，后来找你表示想要退学。你该如何与小琪交谈？

3. 心理疾病类

当案例中的学生出现抑郁、躁狂等心理问题时，辅导员应当准确判断，及时进行转介，同时积极与学生及其家长进行沟通，引导学生和家长正视心理疾病，积极治疗，争取早日康复。在治疗过程中，学生应当按照国家和学校的有关规定，办理请假、休学等手续，辅导员应当为学生做好服务工作。学生经治疗返校后，辅导员应当建立跟踪机制，通过宿舍同学、学生干部等力量对学生进行关怀照顾，并坚持与家长沟通学生在校情况，家校共建，为学生的健康成长铺平道路。

例题 1：

有一名女生叫李菁，高中时是一名成绩优异的文科生，可高考时迫于家长的压力而报了自己并不喜欢的文理兼收的信息管理专业。第一学期期末考试她有数学等四门理科类课程不及格，这给她带来了沉重的心理负担，第二学期一上理科课就紧张、焦虑，还伴有严重的睡眠障碍，宿舍同学反映她经常自言自语，有时还莫名其妙地大吼大叫。作为辅导员，你该如何处理？

（六）网络思想政治教育主题

《高等学校辅导员职业能力标准（暂行）》中对辅导员九大工作职能中的思想政治教育初级工作内容要求有三点：一是构建网络思想政治教育重要阵地，有效传播先进文化、弘扬主旋律；二是拓展工作途径，加强与学生的网上互动交流，运用网络平台为学生提供学习、生活、就业心理咨询等服务；三是及时了解网络舆情信息，密切关注学生的网络动态，敏锐把握一些苗头性、倾向性、群体性问题。工作能力要求有：能及时把握学生对信息技术的应用趋势；能熟悉网络语言特点和规律；能熟练使用博客、微博、微信等新媒体技术；能及时研判网络舆情。案例分析的类型基本来源于工作内容中涉及的部分，主要包括网上思想引领、网络舆情研判、舆论危机处理，以及网络媒介素养提高等方面。

网络内容多样性要求队伍必须快速掌握信息，占领网络阵地；网络平等对话的模式要求队伍必须转变观念与学生平等交流；庞大的上网人群要求队伍不断充实，教育针对性不断增强；网络知识不断更新要求队伍必须具有较强的学习能力和创新精神。

网络舆论危机具有高度的不确定性、威胁性、特殊性、不可预测性和非常规性，在网络舆论危机的防范和应急处置工作中，应当建立早发现、早处理、早反馈（发现—通报—处置—跟踪—反馈）网络舆论危机应急处理机制。网络预警要做到：快、准、深、精、全。网络舆情应急处理的基本原则是权责明确、依法处理，实事求是、勇于担当，控制事态、及时处理，以人为本、关心弱者（公布事实真相时，表现出足够的人道和同情）。网络舆论危机爆发时应对策略是宏观把握，反应及时，处理快速（关闭网站，对于造成重大影响的事件快速报告公安部门），处理过程中采取“分析焦点”“引导焦点”等方法；技术处理细节上的引导；长期努力，让学校媒体成为突发事件中的消息权威。

例题 1：

你是某研究生班辅导员，学院研究生 A 思想较为极端，经常在 QQ 群或校内外论坛发布诋毁学校、社会的消极言论，带有一定的煽动性。某天，你恰巧在 QQ 群里看到他的留言。接下来，你将如何处理？

（七）危机事件应对主题

《高等学校辅导员职业能力标准（暂行）》中对辅导员九大工作职能中的思想政治教育初级工作内容要求：一是对危机事件作初步处理，努力稳定并控制局面；二是了解事件相关信息并及时逐级上报，三是组织基本安全教育并建立基层应急队伍。工作能力要求有：能第一时间赶赴现场；能尽快确认相关人员基本情况；能执行危机事件处理预案，及时稳定相关人员情绪；能通过学生骨干、密切接触人员等渠道快速了解事件相关信息；能对事件性质做出初步判断；能将相关情况及时向上级领导汇报；掌握基本安全教育方法；能组织开展学生安全教育活动；能培训指导各级学生骨干具备初步应急常识。《高等学校辅导员职业能力标准（暂行）》中的相关规定，对于危机事件类案例分析的答题思考具有很大的参考价值。

高校危机事件是指危及高校及其利益相关者生存和发展的突发性、灾难性事件或状态，具有主体性、意外性、危机性、危害性等特征。在危机事件处理中要把握两个关键环节：危机的预警和预防、危机的应对和处理。在日常工作中也要树立三个基本观念：防不胜防也要防、管了没用也要管、说了不听也要说。辅导员是危机处理中的摄像头、预防针、镇静剂、纽带、创可贴，应对危机事件的基本原则要以人为本、依法处理、迅速反应、科学处理。危机预警的方法与技巧有提高认识，立足平时；从严过细，构建预警机制；重点关注特殊学生并及时处理异常问题。

开展危机应对的工作方法和程序：构建完备的危机应对机制（坚持“情、理、法”相结合的思路，坚持“快、准、净”的工作作风，处理好学校与学生、学校与家长、学校与司法机关、学校与上级机关、学校与新闻媒体之间的关系）；建立健全善后处理机制（及时开展讨论，吸取教训，总结经验，形成案例，恢复正常学习生活秩序，当事人心理辅导和咨询，通过善后处理工作，加强重大危机事件预警机制和应急机制）。

例题 1：

你是某本科生班的辅导员，某天，你接到学生 A 的电话，该学生快速地说了句“老师，我被骗了，救救我”，就挂了电话。随后，你又给他回了几个电话，都被按掉了。在这种情况下，你会怎么办？

（八）职业规划与就业指导主题

辅导员应当为学生提供高效优质的就业指导和信息服务；帮助学生树

立正确的就业观念，引导毕业生到基层、到西部、到祖国最需要的地方建功立业；对学生开展创新创业教育，帮助学生树立正确的创业观，尽快适应社会、融入社会。

在知识储备上，辅导员应当深入了解相关的就业、创业政策，为学生提供就业创业咨询和最新信息。同时，应当掌握基本的生涯规划技能，从新生入学教育开始引导学生进行生涯规划，树立崇高的理想、明确的目标。辅导员还应熟练应用一些生涯辅导工具，例如 SWOT 分析、霍兰德职业兴趣测试等，对学生开展职业能力倾向测试并对结果进行分析、评估，帮助学生认识自身的性格特点和能力，明确职业发展目标，澄清职业取向，并为毕业生提供个性化咨询指导。

在学生遇到择业或就业困难时，辅导员应当引导学生从自身角度找原因，通过树立合理的就业目标、进行自我分析等方式引导学生到祖国需要的地方就业，而不应任由学生怨天尤人，甚至随声附和。

随着“万众创新、大众创业”浪潮的袭来，大学生群体也掀起了创业热潮。作为辅导员，应当帮助学生理性分析创业形势，明确大学生创业应注重科技创新，而不是亦步亦趋，注重理论与实践的相互促进。在大学生创业的案例中，有些情况还涉及辅导员与学生家长的沟通，如学生提出休学创业等。

例题 1：

你是某大三班级的辅导员，班里的一位同学毕业后面临多种发展选择，非常迷茫：一种选择是参加事业招考从事与专业相关的工作；一种是与一家投资公司签约，收入高，但会很辛苦，与所学专业也没有相关性；另一种是参加考试，到基层从事公益性服务工作，但是要离开家乡。因此，他很苦恼。你会怎么处理？

谈心谈话

谈心谈话是辅导员运用思想政治教育相关理论和技术，通过语言、文字等形式面对面对学生的思想、情感、心理和行为等给予启发和引导，是辅导员开展大学生思想政治教育的重要手段。高校辅导员素质能力大赛中的谈心谈话环节是衡量辅导员能否理论联系实际的关键环节，也是辅导员理论功底和实践经验的直观呈现。

一、谈心谈话的背景和内涵

（一）辅导员开展谈心谈话的必然性和重要性

党和国家思想政治教育的内在要求、学生发展的现实需求和辅导员的实际工作需要，都要求辅导员开展有高度、有温度、有深度的谈心谈话。

党和国家出台的一系列文件为辅导员开展谈心谈话指明了方向。2004年10月，中共中央、国务院发布的《关于进一步加强和改进大学生思想政治教育的意见》中明确提出："开展深入细致的思想政治教育和心理健康教育，要结合大学生实际、广泛开展谈心谈话活动。"2006年7月，教育部颁布的《普通高等学校辅导员队伍建设规定》中明确要求辅导员要经常性地开展谈心活动，有针对性地帮助学生处理好学习成才、择业交友、健康生活等方面的具体问题，提高思想认识和精神境界。2014年3月，教育部颁布《高等学校辅导员职业能力标准（暂行)》，其中也指出，高校辅导员"应通过日常观察、谈心谈话、问卷调查等方式，收集学生基本信息，了解学生思想动态"。

北京市为辅导员开展深度辅导提供了政策制度保障。2009年颁布的《北京高校辅导员岗位工作职责要求（试行)》中明确提出，高校辅导员要及时掌握学生情况，每年与每名学生谈话不少于一次，认真完成学生辅导手册记录，并且专门为辅导员提供了“深度辅导”的工作津贴。

学生发展的现实需求和辅导员了解学生的实际工作需要都推动了谈心谈话的深入开展。在价值观念的形成过程中，由于知识、能力所限，大学生难免会遇到思想困惑、内心苦闷、学业困难等问题，亟须得到他人的帮助和指导。辅导员谈心谈话便是针对这些情况所采取的方法。谈心谈话的本质是疏导、引导和帮助大学生自主做出合理的判断与选择，坚定理想信念，树立正确的世界观、人生观和价值观。

（二）素质能力大赛为什么要设置谈心谈话环节

自2012年全国高校辅导员素质能力大赛开赛以来，谈心谈话都是其中必不可少的环节，也是最为出彩、直观展示辅导员能力素质的重要环节。一个辅导员的语言功底、沟通能力、对政策的掌握程度、深入学生的程度都能在较短时间内直观地呈现出来。

谈心谈话环节观看性强。评委和观众能在这个环节中洞察辅导员从事工作的年限、处理问题的经验。辅导员从经验中升华出的处理问题时处变不惊、驾轻就熟的姿态，是岁月的积淀，最能体现其工作深度和工作风格。

谈心谈话最考验辅导员功底。辅导员在准备时间不长、对来访的学生助演不熟悉的情况下，进入一个较为陌生情境中，台下有评委、同行，还有学生。面对台下济济一堂的观众和台上助演时不时的刁难，如何控场、如何展示平日工作中汲取到的经验，是最考验辅导员临场应变能力和知识储备的。

如果辅导员看到气冲冲登台的家长就语无伦次，遇到多名学生打群架的场面而无法一言控场，见到哭哭啼啼的学生却不知该如何安慰，那么谈心谈话也就基本失败了。这位辅导员要么是入职时间不长，要么是未曾处理过复杂的学生状况，要么是缺少临场应变能力而不适合舞台展示。

通过谈心谈话的舞台，那些思想理论基本功扎实、谈吐深刻优雅、将道理娓娓道来、条分缕析及亲和力强的辅导员往往会脱颖而出，给人留下深刻的印象。

二、谈心谈话比赛概述

（一）谈心谈话赛制

辅导员素质能力大赛中的谈心谈话又称情景模拟、情景再现，往往安排在大赛最后一个环节，是大赛一等奖和二等奖的最后角逐。在主题演讲环节，选手可以提前准备，多轮修改，反复演练；在案例分析环节，选手要独自完成，时间难控，相对正式；而谈心谈话环节的特点就是他人参与，彼此互动，相对轻松。

谈心谈话在比赛中主要侧重考察辅导员对相关政策、学生特征、学生成长成才规律的了解把握及对学生的教育引导能力。参赛选手现场抽题，根据题目要求，以情景再现的方式开展谈心谈话，限时 6 分钟。其评分标准有四条（用百分制计算），第一是准确把握大学生思想政治教育理论及政策（20 分）；第二是善于抓住学生特征（30 分）；第三是对学生的教育引导效果明显（30 分）；第四是沟通技巧娴熟（20 分）。简而言之，良好的谈心谈话主要表现为学生认识上产生认同，情感上发生共鸣，观念上发生质的飞跃。

选手准备谈心谈话时间为候场的 6 分钟，上一选手上场时，下一选手开始抽签。这个时间对于选手提前确定思路而言相对充足，选手要充分把握准备时间，围绕题干主题，建构起谈话逻辑和重要引导语。在题目设置上，第五届全国高校辅导员素质能力大赛决赛谈心谈话共有 4 题，多人演绎同一题，与每人一题相比，这避免了题目难易程度不同带来的成绩差异，更容易在同一题上进行横向比较，以便拉开差距。

（二）辅导员工作中谈心谈话与大赛谈心谈话的区别

辅导员在日常工作中会经常性地开展谈心谈话活动，这时的谈心谈话时间可控、人物背景清晰、可以跟踪事情进程、可采用心理测评工具等。

辅导员从谈话前的准备——了解学生家庭环境、教育背景、成长历程、相关政策法规，到谈话地点的选择、谈话环境的布置、谈话内容的设计，都可以提前做好功课再联系学生进行。谈话过程中，辅导员对节奏的把控、时间的掌握、工具的运用都了然于心，对学生背景的了解较为深入。谈话也不仅限于一次，可能需多次谈话才完成一件事情的处理，谈话后也有充裕的时间进行资料整理、动态追踪、机制保障设计等。可以说，日常工作的谈心谈话是辅导员的基本功，辅导员基本可以做到胸有成竹。

高校辅导员素质能力大赛中的谈心谈话直接切入谈话情境，需要辅导员临场调用平时积累的谈话经验，是平时谈心谈话工作的浓缩版、凝练版和简约版。所谓“浓缩”，是指比赛题目的主题指向性非常明显，所以辅导员发现问题、分析问题和解决问题的逻辑需要清晰地呈现，辅导员必须聚焦在核心问题上并一针见血地指出问题的本质，同时对学生加以引导，体现思想深度和价值引领。所谓“凝练”，是指辅导员要具备透过现象看本质、高度概括的能力，在谈话过程中适当、适时、适度总结学生的问题，凝练共识，引导学生思考更深层次的问题，不断将学生引入深处。所谓“简约”，是指在时间有限的前提下，辅导员需要深入浅出地分析问题，切忌长篇大论，切忌以一个谈话模板应对所有的学生问题，切忌像唐僧一样反复念叨放之四海而皆准的大道理。

（三）标准答题流程

谈心谈话是辅导员真实工作场景的再现。如果说其他环节可以通过短期集训形成答题套路，那么谈心谈话就没有套路可言。痕迹过于明显的套路、脱离实际的做作表演反倒容易引起他人的反感。在此仅作答题流程分析。

在现场 6 分钟的时间内，按时间推进大体上基本可以划分为三个阶段：第一阶段即前 2 分钟阐释事情经过，第二阶段 2 分钟探讨解决方式，最后 2 分钟总结收尾。一般而言，谈话在 5 分钟 30 秒至 6 分钟之间完成比较理想。

在第一阶段开场时可以称呼学生名字。题目中一般会说明学生的姓名姓氏信息，学生上场时一般也会在胸前贴有名字，这就要求辅导员上场时直接称呼学生“小林”“小明”等，而不是只称呼为“同学”。有些学生会称呼辅导员为哥哥、姐姐或导员或导儿等不正式语言，辅导员可以纠正但不用花费太多时间纠缠称谓的问题，如“小梦你好，请坐，听说你最近心情不好，是什么情况呢?”如果学生抽泣不断，可以递上纸巾；如果台上未摆放纸巾，可以做做动作点到为止；如果学生家长来到你办公室，可以先请家长喝水。

在第二阶段探讨问题解决方式时，如果学生吞吞吐吐不以实情相告，可以承诺为学生保密：“你之前对老师非常信任，有什么话都会对我这个知心朋友说的。老师愿意与你继续分享，也会保密。”如果学生不自信，选手可以不断鼓励学生，推动话题深入，如可以适当赞美“我看到你已经做了……，我欣赏你……”这个阶段要动之以情、晓之以理，批评应有理有据，赞美要符合实际。

第三阶段要控制好节奏，掌握主动权，不紧不慢地给出一个学生能够接受的，具有建设性的解决方案。还要注意做好总结，总结问题的实质和解决办法，保证谈话的完整性。如果时间到了实在无法结束，可以与学生说明情况再约时间讨论，一定不要拖延时间。理论的升华和国家政策文件的引用也可以在总结中使用，但一定要有结合点，不能为了理论而理论，为了升华而升华。

三、谈心谈话题目分类

谈心谈话的题目多从辅导员实际工作中来，涉及的问题涵盖工作的方方面面，大体而言，包括以下几个方面。

（一）谈话主体

对于比赛而言，参赛的辅导员选手就是谈话主体。主动式的谈话是指老师主动找学生，被动式的谈话是指学生主动找老师。区分的关键在于题干最后一句话是“学生来到你的办公室”还是“你来到学生宿舍”，这决定了上场顺序，上场顺序又决定了谁先开口。因此，读清题干是关键。当然，如果上场之后学生迟迟不开口，无论是主动式还是被动式，辅导员都应当做好控场。

（二）谈话对象

在比赛中出现的谈话对象即助演，一般以学生为主，同时还有家长、宿舍管理人员、警察、医生等辅助角色。助演一般由举办方辅导员或话剧社学生担当，助演提前演练过题目，所以应对策略比较齐备，准备的金句也比较充分，有的还有完备的台本。助演一般在谈话前半段以刁难为主，在后半段会给选手更多展示空间。选手不必纠结助演是否配合，将自己处理问题的思路完整清晰地呈现即可，毕竟评委评分看的是选手而非助演。有的学生助演表现欲比较强，辅导员要注意控场，适当阻止助演夸大表演。

（三）谈话人数

比赛中，辅导员面对的谈话人数类型有一对一、一对二和一对多三类，其中一对一比较多见。一对二的情况多出现在两个普通学生发生矛盾，或者两个学生干部之间发生矛盾，或者矛盾双方学生及其家长均在场等情境。一对多的情况多出现在危机事件主题，如学生群体冲突等。处理一对多时，要找准问题方，可以先请一方回避，先解决一方再解决另一方，减少两面受敌的无力感，同时要注意控场，人多场面会比较嘈杂。

（四）谈话地点

谈心谈话场景一般以辅导员办公室为主，偶尔也有在学生宿舍、在操场等校内地点，还有在派出所、医院等校外典型场所。一般而言，校外场景多为突发紧急事件，需要处理的人物关系相对复杂。如在医院，可以询问医生状况，可以虚构出护士、临床病人等。在校内场景中，选手可以虚构可供使用的工作素材，如办公室可以有随时可上网查资料、做测试的电脑，以便随时查找相关资料。

（五）谈话类型

按照谈话的紧急程度，谈心谈话题目类型可以分为突发紧急事件和常规事件。突发事件如学生要集会游行、学生生病入院、学生被抓进警察局、学生打架斗殴、学生要自杀跳楼和网络舆情等。常规事件如学业困难、爱情受挫、家庭贫困、宿舍人际矛盾、职业规划不清、理想信念不坚定等。处理突发事件要注意有上报主管领导的陈述。处理常规事件要注意方式方法，可以使用一些量表工具。

（六）谈话主题

《高等学校辅导员职业能力标准（暂行）》将辅导员职业能力分为九大方面内容，这些内容在谈心谈话题目中基本可以覆盖。以此为鉴，可以将谈心谈话主题分为思想政治教育主题、党团和班级建设主题、学业指导主题、日常事务管理主题、心理健康教育与咨询主题、网络思想政治教育主题、危机事件应对主题及职业规划与就业指导主题等。谈话题目有时为单一主题，有时会多个主题交叉出现。这需要辅导员分清主次，处理问题时既要涵盖全面，又要各个击破。

1. 思想政治教育主题

在处理思想政治教育主题的问题时，辅导员要能够针对学生关注的思想理论热点、焦点问题做基本解释，及时进行教育和引导，辅导员要帮助学生确立在中国共产党领导下走中国特色社会主义道路、实现中华民族伟大复兴的共同理想和坚定信念，能就学生在理想、信念等方面遇到的深层次思想问题进行沟通、挖掘、分析与辅导。为此，辅导员要熟练掌握和应用马克思主义基本原理和中国特色社会主义理论体系基础知识。典型案例包括学生理想信念不坚定、不理性爱国和受西方社会思潮影响等。

例题：

在社会主义核心价值的学习讨论中，学生李某提出在全球多元文化背景下，价值观选择存在多种可能性，学校应该尊重学生的权利，而不应以主流价值观束缚个性的发展，这一观点立即获得部分同学的认可与支持。作为辅导员，你该如何应对？

刘某，男，大三，其父母信仰宗教，受父母影响该生也对宗教感兴趣。最近他经常带领本班同学到教堂做礼拜，还聚集同学在学校小广场上讨论宗教信仰问题，并散播了一些教义。作为辅导员，你将如何应对？

小叶同学认定自己已经看破红尘，大彻大悟，打算退学后遁入空门当和尚。你了解到这一情况，找到正在宿舍打坐的叶同学。

学生小王因美国在韩国部署萨德系统而情绪激奋，已经准备好横幅，明天要去大使馆前游行示威，你该如何处理？

2. 党团和班级建设主题

党团和班级建设主题主要包括辅导员开展的学生骨干的遴选、培养、激励工作，学生入党积极分子培养教育工作，学生党员发展和教育管理服务工作，指导学生党支部和班团组织建设等。面对这些问题时，辅导员要能够考察学生基本素质，激励学生积极主动参与班团事务；要熟悉党员发展规程，引导学生增强党性修养，端正入党动机；要激发党员学习积极性和主动性，发挥党员先锋模范作用和党支部的战斗堡垒作用。典型案例有学生党员接触宗教问题、党支部不作为不开展活动和团支部活动质量不高等。

例题：

一名大三的严同学（女）一直积极要求入党，但是连续三次都在团支部推优或者党支部投票中落选。她感到非常委屈，认为学院没有给她足够的机会。你从党支部书记那里得知此事，约这位严同学在办公室见面。

研究生二年级学生小美立志毕业后从事公务员工作，但到了研二还没被发展为党员，其母亲带着礼品来到你办公室，希望跟你聊聊。

你是某大二班的班主任，据班委会同学反映，最近班长（男）和团支书（女）闹矛盾，两个人对于班级管理、开展活动和工作分工等产生很多分歧，最后演变到恶语相向，班委会和班级同学都受到负面影响。今天，你把他们两个约到办公室来。

你是某班的辅导员，班里有一名孙同学（男），在班级事务中认真负责、踏实肯干，但有时工作态度比较强硬、霸道，因此遭到一些同学的埋怨和对抗。他感到很委屈，于是找到你打算辞掉班长一职。

3. 学业指导主题

学业指导主题包括：学风建设、专业认同教育、学生学习兴趣培养、课外学术实践活动指导、学生良好学习习惯的养成和浓厚学习氛围的营造。这要求辅导员掌握学生所学专业的培养计划、专业发展和就业前景，要求辅导员掌握学生学位授予和考试的相关规定，纠正学生学习中的不良倾向，指导学生有效调整学习习惯和学习方法，鼓励学生主动参与课外学术实践活动。典型题目有：少数民族学生学业困难、跨专业调剂、英语四六级考试作弊、代考替考挂科、专业不认同要求转专业等。

例题：

你是某大二班的辅导员，班上有一名蔡同学（女），高中时成绩优秀，来到大学后第一学期的成绩排在中等偏下。她努力调整继续学习，但是在第二学期的排名中不进反退。她感到有些无助，更严重的是，她开始出现明显的考前焦虑状况，无论什么规模的考试，她都会为此焦虑、失眠，考试过程中也难以集中精力。她写信告诉你这些情况，你约她当面聊一聊……

你是某本科生班的辅导员，本学期开设了一门专业必修课，学分较高，难度很大，同学们纷纷表示学不会，出现了相互抄作业、计划“组队作弊”等情况。你从学习委员那里了解到这些情况，找到正在积极组织“作弊”的赵同学，准备跟他谈一谈……

小王来自贫困山区，家庭经济困难，她省吃俭用，自尊心强，拒绝向学校申请助学金，坚持在外打工，挣取生活费，为此耽误了学习，目前已有多门必修课不及格，如果你是辅导员，应该如何处理？

4. 日常事务管理主题

日常事务管理类主题内容较多，主要包括新生入学教育、毕业生离校教育、学生军训工作、家庭经济困难学生资助工作、奖励评优和奖学金评审工作、宿舍文化建设和违法违纪学生的教育处理。这就要求辅导员能够帮助新生适应大学生活，引导毕业生文明离校，指导学生积极参加军训，妥善处理奖助学贷中学生利益关系问题，对学生进行日常法律意识教育，指导学生依法维权，化解宿舍矛盾、活跃宿舍文化。典型题目有：学生住院家长赶来、宿舍纠纷、学生打架斗殴、奖助学金评定、富二代炫富及学生身陷传销等。

例题：

班里有一个女生宿舍近期频频出现财物丢失的情况，包括一台笔记本电脑、两部 MP4 等，宿舍同学纷纷指认一名室友黄同学，并且确信丢失的财物就在她的柜子里。黄同学则不肯承认，也不允许别人搜查自己的柜子。寝室同学把你请到宿舍来，要求你“做主”……

在保研申请中，一名学习成绩较为优异的徐同学因为没有参加任何学生和社团工作，其综合成绩不增反降，最终以一名之差失去了保研资格。对此，她感到非常不公平，并对学院的保研政策颇有微词。于是，你主动找到她……

5. 心理健康教育与咨询主题

心理健康教育与咨询主题围绕学生心理状况，指向清晰，一般包括心理问题严重程度的筛查和识别、心理测验的实施、心理问题疏导、心理健康教育宣传活动、心理危机的识别与干预和心理健康教育活动。这就需要辅导员了解大学生的心理特点，熟悉大学生常见的发展性心理问题，掌握倾听、共情和尊重等沟通技能，与学生建立良好的信任关系，帮助学生调试一般的心理困扰，有效开展心理疏导工作，帮助学生调节情绪，提高学生心理健康水平。典型案例包括失恋、师生恋（学生向辅导员表白）、同性恋、单身爱情观等爱情问题，以及焦虑、抑郁、躁狂和自杀倾向等心理问题，此外还有网络成瘾等问题。

例题：

一名李同学（男）找到你，说他上学期谈了一段时间的网恋，这学期正式见面之后发觉对方跟网络上的表现大相径庭，并不是自己喜欢的类型，于是提出分手。没想到对方坚决不肯，一直通过各种方式联系自己，在学校里围追堵截，甚至发出恐吓信来威胁自己。李同学感到有些害怕，于是主动找到你寻求帮助……

你是某硕士班的辅导员，班里有一名清秀内敛的袁同学（女），她在QQ上给你留言，说自己喜欢上了一位学校上公共课的男老师，打算告白，希望得到你的支持。你回复说已经明确知道这位男老师结婚了，但是袁同学表示自己应该拥有追求幸福和表达爱意的权利。思考再三，你决定约这位袁同学当面谈一谈……

陈某，男，大二。该生最近两周严重失眠，有时要熬到凌晨两点才能入睡，主要原因是身边的好友已经恋爱了，而他也有心仪的女生，但是担心自己个子矮，长得不好，能力不强，所以没有勇气向其表白，以至于上课心不在焉，昏昏欲睡。作为他的辅导员你将如何应对？

你是某大三班的辅导员，一名徐同学（男）沉迷网络游戏，每天打游戏到深夜甚至通宵不停，白天经常不去上课，晚上影响宿舍同学休息。你得知情况后，约他到办公室谈一谈……

6. 网络思想政治教育主题

在新媒体时代，互联网与生活的联系愈发密切，当前学生群体使用微博、微信、论坛等网络媒介强度大、频率高，因而网络思想政治教育主题比重不断增大，而且常常与其他主题交织在一起。该主题要求辅导员及时了解研判网络舆情信息，密切关注学生的网络动态，敏锐把握一些苗头性、倾向性、群体性问题；还要求辅导员熟练掌握运用网络语言和新媒体技术，能用学生熟悉的话语开展交流；辅导员应围绕学生关注的重点、热点和难点问题，进行有效舆论引导，把握网络舆论的话语权和主导权。典型案例有学生网络发帖号召罢餐、网络组织非法集会及网络散播不恰当言论等。

例题：

为了营造和谐的网络舆论空间，壮大网上正能量传播团队，你所在学校给各院系发文，要求各院系积极招募网络评论员和网络志愿者，并列出具体的摊派名额。在你院该工作还未正式开展之际，就有学生将相关文件拍照上传网络，并配以“官方招募五毛”之类的说明，引起广大学生乃至社会媒体的关注。你将如何应对？

平安夜临近之际，你的几名学生在微信朋友圈、人人网、QQ 群、校园 BBS 等在校师生聚集度较高的网络平台上发帖，征人同往离学校较远的一个教堂参加布道会，你将如何处理？

院系团委正在举行“我为社会主义核心价值观代言”的主题活动，可你发现有部分同学对此有不同意见，并在网上发帖称某学校举办洗脑活动、培育五毛等，你作为辅导员该如何处理？

7. 危机事件应对主题

谈心谈话环节危机事件主题出现频率最高，且其他主题多借助危机事件的形式展现，最为考验辅导员全方位的知识储备、心理素质、能力素质。危机事件应对要求辅导员能第一时间赶赴现场，尽快确认相关人员基本情况；能执行危机事件处理预案，及时稳定相关人员情绪，有效控制事态的发展；能把握重点人员和关键节点，通过学生骨干、密切接触人员等渠道快速了解事件相关信息；能对事件性质做出初步判断；能将相关情况及时向上级领导汇报；能掌握基本安全教育方法，组织开展学生安全教育活动；能培训指导各级学生骨干具备应急常识。典型案例包括学生自杀、遭遇车祸及游行等突发状况。

例题：

你是某毕业班的辅导员，一天晚上接到学校宿舍管理中心的电话，说你们班里的一些同学，喝酒后在宿舍楼道里跟外院的同学先是吵架，继而打架。你得知消息后立即赶到学生宿舍，看到的是两拨人对峙的情景……

一天，小强在网上发帖子称“珍爱生命，远离校医院”，诉说本人在校医院受到的冷遇，并号召有相似经历的同学一起到党政办公室静坐抗议，讨个说法。该帖子在校园网上引起热议。你发现之后，将如何应对?

8. 职业规划与就业创业指导主题

该主题主要围绕就业问题展开，主要包括为学生提供高效优质的就业指导和信息服务；开展就业观、择业观教育，引导毕业生到基层、到西部、到祖国最需要的地方建功立业；开展通用求职技巧指导、就业政策及流程解读等基本就业指导服务工作；开展职业能力倾向测试并对结果进行分析、评估；帮助学生认识自身的性格特点和能力，明确职业发展目标，澄清职业取向；进行创业环境、政策、行业前景分析；为毕业生提供个性化咨询指导。一些测评工作的运用会给谈话加分，如霍兰德职业兴趣测评、SWOT分析法和人际关系量表等。典型案例包括：学生就业受挫、盲目创业和职业目标不清晰等。

例题：

临近毕业派遣，大四学生小李在三方协议签署后，突然提出想违约，认为这份工作不符合自己的职业理想，决定做个自由职业人或者自主创业。作为他的辅导员，你应该如何应对呢?

你是某大三班级的辅导员，一名韩同学（女）成绩优异，正在考虑大学毕业之后是留在国内读研还是出国深造，来自家长、同学及社会的不同意见和消息令她陷入两难境地，于是她来到办公室寻求你的建议……

你是某大学中文专业的辅导员，一名孙同学（男）在读书过程中发现自己的志趣在于烹饪美食，他打算大学毕业之后当一名厨师，并且出现旷课跑去报名烹饪学习班的情况。你知道了这件事，约他在办公室见面……

四、谈心谈话考察重点

作为辅导员素质能力大赛中的重要环节，谈心谈话的取材大多数来自辅导员的实际工作，考察的重点则兼顾工作效果和舞台效果两大方面。具体来说，包括以下几方面的内容。

（一）思想引导

辅导员是开展大学生思想政治教育的骨干力量，因此选手在谈心谈话过程中应该始终牢记立德树人的核心任务，恪守原则、奖罚分明、态度明确、立场坚定，切忌为了比赛效果而一味纵容或顺从学生。

比如，一位因考试作弊而即将被处分的毕业班学生，抱着请辅导员帮助自己免于被处分的想法前来求助。学生演员上场的开场白就是“老师，您说过无论遇到多大困难，都一定会帮助我们的，对吧?”这在无形之中就给选手下了个套，选手如果忙不迭地答应下来，那么之后可能会陷入谈话的被动境地，因此建议采用如下回应摆明立场，“老师在第一天班会上立下的‘全心全意陪伴你们健康成长’的班主任誓言绝对不会动摇，而违纪事件的秉公处理则是原则问题、纪律问题。在这一刻，你应当立即懂得什么叫责任、什么叫担当。当然，我明白你有忐忑、有担心，老师陪着你，咱们一起去面对”。

（二）专业知识

辅导员的职业功能包括九大领域，几乎覆盖学生在校生活的方方面面。比赛中，选手应注意专业知识的运用和表现，从而体现自己日常工作的科学化、规范化和专业化水平，尤其是在赛场上如果能将专业术语信手拈来，会使表述更加严谨准确、增色不少。

比如，深度辅导、学业辅导、心理咨询、生涯规划、班团建设；心理资本、心理贫困、积极心理学、职业倦怠、职业枯竭；资助育人、主体性教育、发展性资助；思想引导、学业辅导、心理疏导、安全督导；学长计划、朋辈辅导；党旗引航工程、党员先锋工程；职业认同、媒介素养；专业化培养、职业化发展……进一步来说，仅仅是生涯规划指导，就有工具“约哈里窗”可以了解自我；霍兰德职业倾向测验锚定职业目标；SWOT分析帮助全面评估机遇和挑战等。

（三）教育原则

教育是一门科学，也是一门艺术。教育过程既有规律可循，也有美感可以欣赏。辅导员在开展大学生思想政治教育的过程中，更要特别注重实施教育的基本原则。谈心谈话的赛场上，时间虽短，但只要教育原则立得稳，就会放大效果。

第一，明确的目的原则。明确目的原则是开展谈心谈话的重要保障，也是谈心谈话取得良好效果的前提。必须针对学生演员的特点和问题进行引导教育。第二，严格的保密原则。严格的保密原则既是师生之间建立信任、鼓励学生畅所欲言的基础，更是谈心谈话得以顺利展开的重要保证。选手一定要表达对学生所表达信息的重视和保护，给人以真诚和值得信任的感觉。第三，平等的尊重原则。传统的思想政治教育所采取的方法是单纯地进行道理灌输，往往忽略了学生的主体性和能动性。如今，师生之间需要的是平等和尊重。

比如，有一名学生刚刚与男友分手，却发现自己意外怀孕，她惊慌失措地来找辅导员，却吞吞吐吐，半天难以启齿。这种情况下，选手就应该综合运用谈心教育的基本原则，首先安抚其情绪，通过拍肩膀、喝点水等方式稳住学生；然后强调保密原则，引导学生慢慢说出自己的困难；当学生说出真实情况时，选手一定要以平等、尊重和理解的态度与之交谈，逐步明确解决问题的步骤和方法。有些情况下，辅导员可以安排学生干部或者宿舍同学陪护有需要的同学；但是在这个案例中，就不宜贸然采用这个方法，需要尊重学生的感受和想法。

（四）临场应变

1. 时间控制

虽然大部分的谈心谈话都可以在6分钟内实现较好的片段性教育效果，但是也不乏个别案例因学生演员情绪过于激动而在6分钟之内难以解决问题。当然也出现过学生特别配合，提前1—2分钟就结束谈话过程的情况。这就要求选手随时调整时间规划，练就“一心多用”的本领。

2. 金句点睛

谈心谈话过程中，选手深入浅出、通俗易懂的表达是必不可少的，但是针对某些问题、某些学生助演的特点，抛出几句金句会增色不少。比如，面对大学生常见的恋爱问题（单恋、暗恋、失恋等）时，就有以下金句可以使用：爱情需要争取，但也需要随缘，需要冷静、理智和智慧；大学生不仅要学会表达爱、接受爱，也要学会拒绝爱、鉴别爱；真正的爱情是有独立性的，我们要把自己放在一个正确的位置，适当控制自己的情绪；即使恋爱，失败也只能说彼此不是最合适的，通过失败的恋爱可以吸取经验，从中学会如何与异性交往；学会放弃，无为而有为。

3. 表述严谨

有些选手在谈心谈话环节与学生交流碰撞的过程中，会有一些惊人之语出现，有的时候效果很好，有的时候却是自挖陷阱，比如“老师是党员，党员怎么能看《圣经》呢?”其实，共产党员虽然是无神论者，但是并不意味着不可以阅读与宗教相关的书籍，而是在广泛了解的基础上才能更好地开展思想政治教育工作。所以在备赛演练的过程中，应该尽可能仿真模拟，不断完善语言的严谨度。

4. 语速稳定

语速显示出心理素质，过快过慢都不好，吐字清晰、条理清楚是上佳之策。最后，像案例分析、主题演讲、谈心谈话这种展示性的比赛环节，选手在备赛阶段应该尽可能多地进行仿真模拟演练，对着镜子或者面向同学、同事及队友反复练习，增强自信和表现力。

5. **肢体语言**

一般情况下，选手面带微笑才能让台上台下的气氛更为愉悦稳定；选手将语言和手势完美结合才能展示自信；恰到好处的面部表情和肢体语言才能与评委、观众与学生形成良性互动。同时也要注意，手势不要太多，不能过于夸张，手势是配合语言的，不能遮盖了语言的魅力。肢体语言一定要高雅、得体。

6. **道具运用**

一般来说，谈心谈话以双方坐着进行的比较多，那么选手就可以直接坐在提供的桌椅上，摆放方式也基本是两张（排）椅子呈 90°角，选手既可以面对学生助演，也不至于完全消失在评委和观众的视野中。这里要注意，谈心谈话的对象是学生助演，因此选手应该尽量避免与评委或者观众对视，尤其要避免对着场下讲话，那样会显得很不真实。此外，也有个别题目，需要选手与学生助演站着表演，这时候一定要注意不要偏台，上台前提醒自己找准台上的“黄金分割点”，而且尽量避免背对场下，过分投入与学生助演的互动中，而只留一个后脑勺给评委和观众，那是不利于取得高分的。除此之外，纸巾、水杯等一般都摆在桌子上，安抚情绪、拉近关系时都可以借助这些小道具。

五、谈心谈话答题思路

谈心谈话的作答并没有统一的标准模板，但是从个性化的题目中也可以提炼出一些共性的思路要点，下面将为大家做一些介绍。

（一）答题步骤四段式

1. 创设

谈心谈话的题目中，直接给出的背景条件往往不是很多，为了达到更加理想的表现效果，选手可以采用“创设”的方式，让题目更加落地、有抓手。创设什么呢？首先可以创设一个你熟悉的工作身份，比如你是分团委书记、党建指导老师、学生心理咨询中心的兼职咨询师等。总之，一切有利于谈心谈话顺利推进的合乎常理的身份，你都可以先创设好，在开篇抛出，以赢得评委、观众和学生助演的认同与配合。其次还可以创设题目所牵涉的其他人的信息，原则依然是有利于问题解决的，切合实际，能够展示辅导员平时工作扎实积累的那些信息。比如，某学生不顾一切要到灾区去寻找父母，一则灾区尚不稳定，还有发生危险的可能；二则学生情绪极为不稳定，不宜贸然前行。怎么办呢？选手就可以这样创设情境：老师有一位大学同学，也是咱们的校友，就在新华社某某分社，他已经在灾区现场，随时会把消息发布过来。我刚刚与他联系上了，你父母的信息也已经发过去了，你先在老师办公室坐一下，咱们等等消息好吗？然后，选手就可以进一步安抚学生助演的情绪，引导其充分表达，过程中则穿插着对“发布回来”的消息的说明，甚至可以进一步创设联系到学生助演的父母，“第一批获救名单在这里，你看，咱们学生通讯录老师已经耳熟能详了，这就是你爸爸的名字啊！”这样就能使一场危机在 6 分钟之内化解成令人欣慰的欢喜。

当然，创设的使用也有禁忌，比如一般情况下不要连续使用两次以上的创设过程，因为这样一方面增加了学生助演不予配合的风险，比如有一位选手曾连续创设情境，对学生助演说“你作为分团委副书记，应该……”，学生助演立即辩驳道“老师，您记错了，我从来没当过分团委副书记”，一时之间现场就比较尴尬；另一方面连续创设还会显得选手有偷工减料之嫌，缺乏对困难问题的攻关能力。

2. 挖掘

必要的情境创设结束之后，下一步就要挖掘了。挖掘什么？挖掘来访学生心中的问题所在，引导其慢慢澄清自己的问题，让问题慢慢浮现出来。在之前的篇幅中，笔者已经把谈心谈话的题目按照常见的学生问题进行了分类，应该说，针对每一类问题做好充分准备是很必要的。但是与此同时，因材施教、因地制宜也必不可少，若是不区分个体差异、具体情境，就会犯理论脱离实际的错误。比如，一个人出现流鼻涕的症状，可能是感冒引起的，可能是过敏引起的，也还可能是其他原因引起的。某医生开了10种药，吃了这10种药，无论什么原因导致的流鼻涕问题都解决了。但是你愿意找这样的医生吗？恐怕都是不愿意的。作为医生，他知道治疗流鼻涕的药有X种，经过对病人的全面检查，结论如果是感冒引起的，他开出A+B，过敏引起的可能开出A+C。这样做，才是对症下药，才是真正解决了别人的实际问题。

比如，有一位党支部书记前来找你，抱怨说支部党员不配合支部工作，她感觉非常无助。那么，这个“不配合支部工作”的症状，就可能对应很多原因，有可能是党员的政治素养较低，也可能是支部整体活力不足，还有可能是支委或党支书的工作方式方法有待改进，至于是否毕业班、是否理工专业、是否研究生党支部等，也有一定的相关性，因此需要选手进一步从学生助演这里挖掘“症状”背后的真正原因，绝对不能想当然地沿着某一种或者某几种可能性无限延伸下去，这样容易给评委和观众带来“隔靴搔痒”“武断专横”的感觉，最终影响分数评价。

3. 聚焦

挖掘到核心问题之后，下一步就要聚焦于该问题，尤其是解决方式的酝酿和产生。这时候要注意，可能会有个别学生助演持续制造困难，故意扯开话题，另起炉灶。此时，对于学生发散出来的或者突然又提出的刁难性问题，选手必须有底气、有水平地“拨乱反正”“拉回正轨”。不然短短的6分钟一晃就过去了，多处撒网的结果就是一无所获。

具体到聚焦的过程，应该秉持一个原则：那就是辅导员是相信学生的内在能量的，要引导学生、启发学生解决自己遇到的问题，最好不要大刀阔斧地直接给出特别具体的建议。因为这一则不符合“授之以鱼不如授之以渔”的教育原则，二则现场效果也往往不尽如人意，学生勉强点头称是，那种画面并不是非常美丽的。所以，激发出学生内心向上向好向善的正能量，应首先从情绪上做好准备，再进一步从能力提升的角度去解决学生的问题，这样效果往往是最佳的。比如，一名学生是古典诗词爱好者，在观看了央视的《中国诗词大会》后下定决心要参加来年的比赛，于是每天穿汉服，逃课背古诗词，几乎将所有时间都用在诗词上。对此，选手如果直接从“兴趣爱好不应该冲击专业学习”的角度提出要求和建议，那效果肯定是适得其反的，学生助演听不进去，场下评委观众也不甚认同。因此，选手应该首先肯定学生助演对于中国传统文化的爱好和追求，以及学生对现场展示自我风采的自信和渴望，然后进一步举例子，“首届冠军是一名高中女生，她为何在赛后拒绝了所有媒体的采访？因为腹有诗书气自华，她坚信持之以恒地学习和读书才能不断地充实自我，加深对传统文化之美的体会。她不仅语文成绩好，其他科目水平也很高，不断发展综合素质才能在各种场合、各种岗位上传播诗词之美”。此外，选手还可以创设情境，比如“咱们学校也要举办自己的诗词大赛，咱们学院还要提前准备选拔赛，希望你能以选手或者主持人的身份参与进来，提前体会和感受，把自己的这种热情和能力传扬出去”。在上述内容的积累之上，学生助演基本会主动认识到自己之前的错误，由衷地感激选手这种“润物细无声”的教导方式，从而使得这一问题迎刃而解。这就是“聚焦”的魅力。

4. **总结**

虽然把“总结”放在答题步骤的最后，但是总结并非只在谈心谈话的结尾才出现，而应该至少出现 2—3 次。大多数的交流开场白是学生助演阐述一段自己的困扰，所以第一次总结出现了，选手得总结学生来访的目的、总结学生遭遇的困惑、总结学生阐述的事实要点，当然这种总结可能根据实际情况还需要暗含打断的技巧。之后，在双方的互动交流中，选手还应该随时总结学生的情绪变化，总结学生又一轮的事实阐述。最后一次总结才是通俗理解的“总结”，即选手想要给出的意见建议等。对于复合型问题，总结更是可以发挥其“承上启下”的作用。

比如，某女研究生因家庭条件较为困难，决定加入微商。她加盟了一家高仿包的制作贩卖公司，并找到一家校园网贷公司高息借了1万元的启动资金。但是她刚刚经营不久，就被人发现是在卖假货，且质量极差，屡遭退货甚至辱骂。她试图求助公司的“上线”，但是对方已经人间蒸发，联系不上。她因为无法及时还上网贷，结果利息越滚越多。惊慌无奈之下，她想到求助于自己的辅导员……这一问题包含了校园网贷、违法经商、诚信教育和安全管理等多个学生事务管理的要点，如果选手试图胡子眉毛一把抓，平行解决这些问题基本是不可能的，但是如果只集中解决一项，其他方面避而不理也不是上策。因此，选手应该迅速分清学生问题的轻重缓解，从急入手，从重开头，依次处理。每一项引导教育或者帮助支持结束后，都应该以两三句话进行总结，给予场下的评委和观众一个明确的信号，即上一个小问题已经妥善解决，下面将处理另一个问题。如此一来，选手不用面对评委讲任何话，但是评委和观众都会心中有数，紧跟着选手的思路，仿佛在一起为学生助演解决问题，也就是达到“感同身受”的效果，取得高分也就水到渠成了。

（二）技巧与方法

1. 倾听

倾听是一种心理咨询技术，目前已经广泛应用到辅导员的日常工作中。但是，比赛中经常会有部分选手，尤其是积累了多年辅导员工作经验的选手因为对题目非常自信，为了把控气氛，跳过倾听环节，上来就对学生说教一通，但是效果往往不尽如人意。所以，应该在谈心的开始阶段，先给予学生充分的表达机会，通过提问、追问和澄清等技术让学生的“问题”浮出水面，清晰而明确。这相当于与现场的评委一起做了一个判断，之后评委才会更加肯定选手的针对性回答。选手应该掌握以下主动倾听的要求：（1）专注。首先，要做到眼神的专注，通过眼神的交流可以传递鼓励、肯定、包容及尊重等情感，有助于学生助演向选手倾诉自己的内心世界。同时，要避免特别粗暴地打断对方的话，这是对学生尊重和重视的基本表现，有助于学生连贯表述，维护学生的情感。（2）接受。选手在最开始要尽可能客观地倾听内容而不作判断，避免漏掉学生助演传递的一些信息，将自己的判断推迟到对方基本说完以后。（3）信息完整。谈心谈话过程中，选手要努力倾听，并从沟通中获取学生助演所要表达的完整信息。选手要达到这一目标需要通过精炼、必要的提问来确保理解的正确性。

比如，在比赛过程中，有些选手刚听到学生抱怨“找不到工作”，就直接认定为是就业指导的问题，上来就先做“SWOT”分析。但选手如果进一步了解、倾听就会发现，其实学生纠结的核心在于“我学习比他好，凭啥他先找到工作?”

2. **共情**

共情，顾名思义就是“在情感上达到和谐的共鸣”，通俗地讲，就是感受着对方的感受，体察着对方的需求。有些辅导员在比赛中表现出的不是共情，而仅仅是热情，缺乏从学生所处的位置、角色、情境去思考、去理解、去处理，设想其潜在的行为动因。共情主要借助以下三种方法得以实现:（1）角色扮演法。角色扮演法就是在心理上扮演对方的角色，站在对方的立场去认识问题，切身体验原来体验不到的某种感受。（2）双向对话法，即在心理上同时扮演交谈双方两个角色，进行双向对话。一旦进入双向对话的思路，选手就会发现自己对问题有了另一个角度的新认识，处理起来也就比较顺利了。（3）迁移感受法，就是将自身生活经历中的某些感受迁移到对方的类似情境中，从而引发共鸣。以上三种共情方法在辅导员与学生的日常谈心过程中会经常被运用到，尤其是角色扮演法。比赛过程中，上述三种方法也可以组合使用，尤其是在处理两位学生助演的矛盾纠纷时非常有效。

比如，学生小王的手机收到同学小张发来的病毒链接，不仅手机信息全无，信用卡也被盗刷了3000元。小王找小行索赔，小张却认为自己不是故意的，拒不赔偿，两人找到你，作为辅导员的你该如何解决？两位学生助演上场时肯定是各执一词、互不退让的状态，那么选手可以采用角色扮演的方法，让他们换成对方的角色重新讲述这件事，从而体会到对方的无奈和困境。然后，选手再采用双向对话法，将两位学生助演已经切身体会到但是可能不好意思说出口的歉意通过自己的嘴巴表达出来。最后，选手可以借用之前处理过的或者亲身经历过的类似案例来启发两位学生助演采用协商的方式妥善解决问题。其实，最佳的解决方案到底是什么，并没有那么重要，重要的是在选手的教育引导之下，学生获得成长。只要实现了这个目的，那么比赛的预期效果就达到了。

3. 卷入

谈心谈话环节之所以如此精彩、扣人心弦，很重要的一点是它的真实感，那种身临其境的互动画面非常动人。因此，选手要真实，越演就显得越假。唯有真，选手与学生助演才能完成一个交流的过程。学生在表达过程中会出现错误的认知、迷糊的脑瓜或者是不妥的行为等，选手要做的很简单，就是帮助他改掉错误的、危险的和短视的和肤浅的认知。但是，如果选手听到的和自己想到的不一样，那么场上的师生交流就不是交流而是两条平行线，效果如何便可想而知。

卷入的要义在于真实，真实的表现就是该批评批评、该引导引导、该安慰安慰，像辅导员日常工作一样去真实地呈现。比如，一名正式党员在积极分子和预备党员阶段表现积极，顺利入党。入党后，这位同学却放松了自我要求，组织纪律涣散，在同学们中造成不良的影响。在互动过程中，这名学生助演也公开与辅导员叫板，拒不认错。对此，如果选手还是以"春风化雨"的教育方式予以引导，一味地"共情""理解"，那肯定压不住学生的"嚣张气焰"，根本起不到惩戒效果。因此，选手也没必要顾忌是在比赛场上而过分压抑内心的怒火，应该真实表达，主动"亮剑"，从党章要求、党员义务、党的基层组织管理条例及学生管理规定等方面有理有据地提出整改要求和惩戒措施，扑灭学生助演的"嚣张气焰"，旗帜鲜明地批评教育，达到理想的教育效果。再比如，遇到男学生对单身女老师表白的题目，有些辅导员立即撇清，根本不给学生说话的机会，一味地拒绝、退缩、否认，唯恐给评委留下"师德败坏"的糟糕印象。可是在现实生活中，辅导员也有可能遇到各种社会人士甚至是同龄学生追求的问题，难道都这样避之不及吗？显然并非如此。那么选手应该怎么做？首先，选手感谢学生对自己工作的肯定，因为如果不是凭借扎实、有效、深入的工作，学生怎么会了解自己，喜爱自己呢？其次，询问学生何以对老师产生好感？具体是什么事、什么节点？然后，卖个关子，让对方猜一猜自己为何保持单身至今？顺势讲解一下如心理学“爱情三元素”理论等专业知识，澄清学生对自己的好感并非真正的爱情，而自己也一定要找到那个“志同道合”“三元素匹配”的人才会考虑终身大事。如此一来，水到渠成，既没有驳斥学生的面子，也进一步坚定了个人的价值信仰，还可以得到学生助演的理解和场下评委观众的认同。

4. 启发

辅导员作为大学生思想政治教育的组织者和实施者，应当具备比普通大学生更高的站位和更宽的视野。虽然并不建议辅导员直接把人生经验一股脑传授给学生，但是采用“启发”的方式引导学生、帮助学生，提高学生的思想认识和理解水平还是非常必要的。比如，两拨学生在球场上发生口角，辅导员逐一做工作之后效果还是不理想，两派各说各话，根本不认同对方。这时候，选手既可以采用上文所说的“角色交换”法，加强两派人的相互理解和沟通，也可以抛出“出其不意”的问题引发思考，如“咱们中华民族尚武，这个‘武’是打架的意思吗？非也！武，怎么写？止戈为武。其实，中华武术精神的精髓和要义就在于以理服人，以德服人，化干戈为玉帛，与人为善，团结和谐”。再比如，有些学生会陷入“失恋”的旋涡，难以摆脱，对此选手可以用“月亮的圆与缺”来作比喻，说明如果我们把注意力转移到有意义的事情上去，转移到自信、愉快和充实的活动上去，慢慢就可以激发积极情绪，传递正能量，失恋的阴影自然会在阳光的照射下越来越小、越来越淡。这些来源于生活的比喻、隐喻，既能够启发学生，也可以将艰涩的大道理融入微语言之中，更加令人信服、易于接受。

举一个典型的例子：“二孩”政策放开以来，某女毕业生在求职过程中屡屡被问及将来是否考虑要二孩的问题，无论怎么回答，最终都没有被用人单位录用，该生又急又气，前来找辅导员寻求帮助。学生助演的情绪酝酿颇为到位，一上场就把各种情况剖白了一遍：“第一家公司问我，我说我会考虑要二孩，于是对方没有录取我；第二家公司问我，我说我肯定不要二孩，但是对方还是没有录取我；我学乖了，第三家公司问我的时候，我说没有考虑这个问题，暂时不会做打算，居然对方还是没有录取我。他们这不明摆着是欺负女生，剥夺法律赋予女性的生育权吗?”对此，选手可以尝试用桌子上的绿植打比方，“同一波种子洒在三个花盆中，一盆放在骄阳下，打蔫了；一盆放在黑暗中，也打蔫了；第三盆放在遮阳阴凉处，长势也不太好。你觉得可能有哪些原因?”在引导学生助演稍微思考后，可以指出原因或许是这波种子本身就有问题，或者这些植物的生长除了需要阳光这一条件外还需要其他条件，因此植物的衰败与日照程度无关。之后，可以进一步引申说明，无论求职时如果作答，公司都不予录用，一定程度上说明公司并非以该问题作为是否录用的判断标准，或者说，公司并没有“剥夺生育权”这种歧视心理。总之，选手应该引导学生助演从改变自己对公司的“偏见”入手，认真审视自身问题，思考如何增强自己的求职能力和业务水平，从而找到更加适合自己的工作。这就是启发技术的具体应用。

六、谈心谈话与辅导员日常工作

（一）牢记辅导员的使命与责任

习近平总书记在2016年全国高校思想政治工作会议上指出，思想政治工作从根本上说是做人的工作，必须围绕学生、关照学生、服务学生，不断提高学生思想水平、政治觉悟、道德品质、文化素养，让学生成为德才兼备、全面发展的人才。因此，无论是在比赛还是日常工作中，高校辅导员应该始终牢记辅导员的使命与责任，从爱出发、以爱为名，一切工作都要紧紧围绕学生的成长成才展开。当学生因违法经商或者校园网贷而被威胁、恐吓时，辅导员应该首先确保的是学生的人身安全和财产安全，然后才考虑对其进行批评教育；当学生因心理问题而学业困难或有不当行为时，辅导员应该首先关心其心理健康状况并寻找正确的诊治求助方式，然后才考虑对其进行学业辅导和行为矫正。以学生为本，这一理念应该贯穿辅导员日常工作和参加素质能力大赛的始终。

（二）革新辅导员的定位与职能

习近平总书记强调，我们的高校是党领导下的高校，是中国特色社会主义高校。要坚持不懈传播马克思主义科学理论，抓好马克思主义理论教育，为学生一生成长奠定科学的思想基础。要坚持不懈培育和弘扬社会主义核心价值观，引导广大师生做社会主义核心价值观的坚定信仰者、积极传播者、模范践行者。因此，无论是在比赛还是在日常工作中，高校辅导员应该将对学生的思想引导放在首位，作为工作的“定海神针”，其他工作都要紧紧围绕“立德树人”的核心有序开展。当学生面对大是大非的问题存在识与辨“两张皮”的现象时，辅导员必须拨乱反正，教育引导学生正确认识世界和中国的发展大势，客观评价当代中国，看待外部世界；当学生对于社会主义核心价值观存在知与行“不统一”的现象时，辅导员必须旗帜鲜明地教育引导学生树立正确的世界观、人生观和价值观，并且坚定不移地身体力行，把核心价值观落细、落小、落实。对这一教育引导任务的认识应该体现在辅导员日常工作和参加素质能力大赛的各个方面。

（三）增强辅导员的素质与能力

习近平总书记指出，做好高校思想政治工作，要因事而化、因时而进、因势而新。要遵循思想政治工作规律，遵循教书育人规律，遵循学生成长规律，不断提高工作能力和水平。现阶段，参加辅导员素质能力大赛的选手以 80 后为主（个别也有 90 年代初生人），面对的学生则基本都是 90 后甚至 00 后。与此同时，随着全球化的进一步发展、社会热点的风起云涌和网络媒体的加持传播，大学生群体中各种新型问题层出不穷，除了要牢记使命与责任、坚守职业定位，高校辅导员还需要与时俱进、不断增强自身的素质与能力。规律指的是事物之间内在的必然联系，决定着事物发展的必然趋向。在日常工作中，辅导员应该加强学习、认真钻研，掌握新形势下的思想政治工作规律。“台上一分钟，台下十年功”，以赛促练、以赛促学，在全国辅导员素质能力大赛的标杆效应下，全国13.6万名高校辅导员将更加专业、团结，向着共同的教育目标不断前进！

七、谈心谈话真题演练

2016年全国辅导员素质能力大赛决赛谈心谈话：

（一）你学生小王的手机收到同学小张发来的病毒链接，不仅手机信息全无，信用卡也被盗刷了3000元，小王找小张索赔，小张却认为自己不是故意的，拒不赔偿，两人找到你，作为辅导员的你该如何解决？

（二）你所带大二学生小云成绩一般，最近谈了一个富二代男友，经常在寝室炫耀男朋友给买的礼品，引起公愤，特别是一名家庭经济困难女生甚至威胁要采取极端措施，作为辅导员的你该如何谈话？

（三）你的学生小马成绩优异，是学校英语角的负责人，该英语角的运营资金来自于境外非政府组织的支持，该组织总部位于华盛顿，主要研究民主、政治、自由等问题，该组织邀请小马去华盛顿实习一个月，你了解后该如何和小马谈话？

（四）你所带大一学生小田有初期人际交往困难的症状，你和心理咨询中心老师都与他有过谈话，但是小田拒不配合，认为自己没有任何问题，近来更有抑郁狂躁的症状发生，作为辅导员的你该如何与他交流？

理论宣讲

坚定文化自信，昂首迈进新时代

北京师范大学　任雅才

各位同学：

大家好！我是北京师范大学辅导员任雅才。党的十九大为我们描绘了未来发展的宏伟蓝图，让我们更加清楚地认识到自身的历史定位。当国家民族发展的接力棒交到我们这一代手里时，我们该如何做呢？我想我们首先应当了解新时代、了解中国文化，从而坚定文化自信，昂首迈进新时代！我将围绕分历史新方位、文化新辉煌、青年新使命三个部分与大家分享这个主题。

一、历史新方位

习近平总书记在十九大报告中指出："经过长期努力，中国特色社会主义进入了新时代，这是我国发展的新的历史方位。"新时代是十九大报告中的关键词和高频词，一共出现了 38 次。时代的概念往往不仅指时间，而是与人类文明程度、重大社会特征、重大历史人物等相关联。能够称得上开启一个时代的变化，绝不是具体而微的小变化，而是较大范围或全域全面、一定阶段内的重大变化，这种变化必须得到社会大众的普遍认同、得到历史的认可。

我曾经对两张照片印象深刻，在照片中，我们可以更清楚地认识这个新时代。

第一张照片中是一个小女孩跪下来举起双手做出投降的姿势，眼神非常惊恐。这位女孩叫胡迪，当时只有 4 岁，生长在叙利亚的难民营。胡迪以为对着她的是致命的武器，其实只是相机的长镜头。很多人看了这张照片后都觉得很揪心。

另外一张照片是在中国军舰赴也门撤侨时拍摄的。穿着凯蒂猫背心的小女孩拉着海军姐姐的手，神情轻松自然，像是去参加春游，一点不像战乱中的小姑娘。而此次也门撤侨事件也被认为是《战狼 2》的电影原型。

同样的时间，同样是处于战火中的小女孩，她们的境遇却截然不同。为什么会有这种差异？一个很重要的原因是第二张照片中的这个小女孩背后有一个日益强大的中国。国家贫弱，其民必辱；国家富强，其民亦荣。所以，一个人最坚实的后盾是国家的力量，而行进中的中国给了我们最大的底气。

这样的例子还有很多，在印尼巴厘岛、新西兰、利比亚、尼泊尔，祖国都能在危急时刻将我们的同胞接回家。其实，我们并不是生活在一个和平安宁的世界，只是幸运地生活在一个和平安宁的国家。此时此刻的“祖国万岁”，是发自肺腑的！这就是我们身处的新时代。

问题来了，新时代从什么时间开始的？

人民出版社出版的党的十九大报告单行本第 18 页第一段就是“十八大以来”。十八大以来的五年，是习近平总书记带领全党砥砺奋进的五年，是新时代的发端。

新时代的划分正是基于党和国家发展的角度而言的。如果说毛泽东时代是建立中华人民共和国、中国人民站起来的时代，邓小平时代是实现富裕、富起来的时代，那么新时代就是实现中国梦、强起来的时代。习近平总书记就是这个新时代的领路人。

那么，我们为什么能够进入新时代？

大家都学过唯物辩证法中的质变和量变规律。长期奋斗的量变积累加上质变的跨越，我们进入了新时代。十八大以来的五年，成就是全方位的、开创性的；变革是深层次的、根本性的。我们解决了许多长期想解决而没有解决的难题，办成了许多过去想办而没有办成的大事。以前是不出国不知道中国发展慢，现在是出国才知道中国发展快。

你们一定能感受得到，“新四大发明”——高铁、支付宝、共享单车和网购给我们日常生活带来的便利。生活缴费一键完成，网上购物足不出户，网络约车舒适便捷，共享单车说走就走，手机导航实时指路，看病挂号无需排队……日常生活的极大便利化，在五年前是难以想象的。

这些满满的获得感丰富着我们的生活。

我们能够进入新时代也是因为有这样一支创业团队。

“1921 年公司注册，资本金接近 0。靠共产主义的故事拿到苏联的天使轮和 A 轮。历经艰辛打败了西方跨国公司和国内强有力的竞争对手。1949 年 10 月 1 日在主板市场上市。经过 60 几年共五代 CEO 的经营，目前市值突破 10 万亿美金。居全球第二，未来有望成为全球第一。”

不用说大家也知道，这个很厉害的团队就是中国共产党。

正是在共产党强有力的领导下，我们才能进入新时代。

第三个问题来了，新时代是什么样的时代？

党的十九大报告用五句话给出清晰的回答，这五句话明确了新时代的目标——夺取中国特色社会主义伟大胜利、全面建设社会主义现代化强国、实现全体人民共同富裕、实现中华民族伟大复兴中国梦、为人类做出更大贡献。这些目标由小到大、由中国到世界，体现了共产党人“不忘初心”“为人民服务”“天下为公”的格局和胸怀。

这五句话还概括了新时代的奋斗主体是全国各族人民、全体中华儿女，这是新时代的磅礴力量，我们每个人都是其中的一分子。

同学们，在这个美好的新时代，在这个人人都能尽其才的新时代，你的成就感、获得感、荣誉感和安全感都与这个国家的繁荣富强紧密相关，你的发展机遇就在新时代的中国。

一只风筝想要起飞，就要站在风口；一个人谋划人生，就要立足时代；一个青年树立理想，就要植根国家。时代、青年、国家是密切相连的关系，是彼此助推的力量。

为时代、为国家，让我们青年一起加油！

二、文化新辉煌

新时代锻造文化新辉煌。

党的十九大报告指出，文化是一个国家、一个民族的灵魂。文化兴国运兴，文化强民族强。没有高度的文化自信，没有文化的繁荣兴盛，就没有中华民族的伟大复兴。

十九大之后，第一个访问中国的外国元首是美国总统特朗普，习近平总书记在故宫接见了他。总书记在介绍中国文化时说，文化没有断过流、始终传承下来的只有中国。我们这些人也延续着黑头发、黄皮肤，我们叫龙的传人。

作为龙的传人，我们青年学子如何才能肩负起社会主义文化繁荣昌盛的历史使命呢？我给大家分享三个故事，相信大家听完之后，会明白自己的前进方向。

第一个故事的主人公是钟敬文先生，他被誉为“中国民俗学之父”，是中国民间文学、民俗文化研究的集大成者。2016 年年底，在北师大民俗学团队的有力推动下，中国的“二十四节气”终于被列入人类非物质文化遗产代表作名录。这是以钟敬文先生为代表的中国民俗学派的骄傲。钟先生在 90 多岁高龄时，还亲自主持编纂《中国民间故事集成》，每年审理稿件上千万字。他在生命的最后十年，还培养了 20 多位硕士、20 多位博士。

一位年近百岁的瘦弱老人，为什么会有如此强劲的生命力？钟先生的诗作就是最好的回答“吾侪肩负千秋业，不愧先人庇后人”。我们承担着传承中华文明的千秋使命，中华文明的生命与未来因我们的传承而历久弥新、充满光明，这应该是我们每一位同学的思想动力和精神追求。

第二个故事的主人公，我们来猜一猜，猜一猜歌曲《在那遥远的地方》《达坂城的姑娘》《掀起你的盖头来》的作者。这些歌曲不仅在中华大地上代代传唱，还在世界各地广为流传，成为中华文化的标志性名片，正所谓民族的就是世界的，他就是王洛宾。

王洛宾是北师大校友，他毕生以弘扬民族音乐为己任。抗战时期，他放弃去海外学习的机会，加入了西北战地服务团。他说："最美的音乐在自己的国土上。"从那时起，他扎根西部边疆六十载，收集整理、改编翻译创作了十几个民族的700多首民歌。这些原生态民歌的语言和曲调地方色彩浓厚，流传范围小，但经过他的改编创作后，立刻焕发出新的光彩，成为既有民族风情，又为中国各民族群众共同喜爱、共同传唱的经典歌曲。这些歌曲来自最基层的民众、最普通的生活，表达的是人民的情感，讲述的是人民的故事，王洛宾也因此被誉为"人民的音乐家"。

第三个故事的主角是孙尧同学，她是我所在的教育学部2013级本科生，今年7月刚刚毕业。她在海外交流项目时发现外国人对中国文化的多元性所知甚少，在暑期实践时发现少数民族文化在逐渐流失，她觉得再不关注这些文化，它们马上就要消失了，于是开始思考需要做点什么来传承我国少数民族文化遗产。于是，她创建了公益组织"满天星民族文化传播室"。她本人并不是少数民族，却汇聚了200多名志愿者，广泛调研和宣传回族、土族、苗族和彝族等22个民族的文化遗产，并因此荣获首都大学生公益创业赛金奖。她说，"我们不仅要学好书本知识，更要主动承担社会责任。我们的工作，就是要点燃中国学子对祖国优秀民族文化的巨大热情"。

钟敬文先生、王洛宾先生、孙尧同学，这三个故事都关乎文化，关乎文化自信。青年时代最富有创造力，相信大家也能够将古老的中国故事讲出新意，将今天的中国故事讲给世界，让我们为中华文化代言、为新时代发声！

三、青年新使命

历史新方位、文化新辉煌赋予青年新使命。一个伟大的民族，总会把关爱的目光投向青年；一个伟大的政党，总会敞开热情的怀抱迎接青年。

总书记在十九大报告的最后用205个字寄语青年："青年兴则国家兴，青年强则国家强。青年一代有理想、有本领、有担当，国家就有前途，民族就有希望……”

总书记看好青年，寄语青年，为青年点赞，这并不是第一次。

2014 年 9 月 9 日，第 30 个教师前夕，习近平总书记视察北京师范大学并同师生代表座谈。总书记步入会场后，与我们一一握手。我以《做大学生成长的知心人和引路人》为题向总书记汇报了从事学生工作的体会。在我汇报的过程中，总书记有两次会心的微笑，都与青年学子有关。

第一次是我讲到暑期带同学们去贫困山区支教，学生被蚊子咬得伤痕累累，第二天却依然兴致勃勃地登上讲台时，总书记会心地笑了。后来我们看到总书记在讲述自己知青岁月时提到，自己当年在陕北农村插队，是过了“五关”的历练：跳蚤关、饮食关、生活关、劳动关、思想关。出人意料的是，第一关不是劳动、思想，而是小小的跳蚤。总书记在基层工作过，非常了解基层疾苦。总书记也是从青年时代成长起来的，他了解青年、关心关爱青年成长。

第二次会心的微笑，是在我讲到自己在所有获得的奖励中最为珍视的是“最佳大伙伴奖”，因为这是学生颁给我的。学生对老师工作的认可是无上的荣誉。总书记了解青年学生的关注和期待，知道你们喜欢什么，赞同什么，也为你们的发展谋篇布局。“全党要关心和爱护青年，为他们实现人生出彩搭建舞台。”总书记的这句话掷地有声。

工作五年来，我始终坚持这样的信念，我的每一个学生都是独特的个体，他们都应该有属于自己的精彩人生。辅导员的使命就是帮助学生实现人生华章！

总书记离开校园时，学生夹道欢送，“习大大辛苦了”“习大大我们爱您”这样的呼唤声此起彼伏，青年学生对总书记的爱戴和拥护溢于言表。

在座的同学，你们当如何回应党和国家的期待呢？

我想，坚定理想信念，努力做好本职工作，就是最好的回应。

刚刚讲到的教师节座谈会上，还有一名学生代表发言，她是大四免费师范生古丽加汗·艾买提。2015 年 9 月，古丽实现了自己的教师梦——被乌鲁木齐市第二十三中学录取，成为一名历史老师。

工作一年后，她主动请缨到距离乌鲁木齐 1500 公里的喀什地区叶城县的一所双语高中支教。在那里，古丽有时是学生的历史老师，有时也是汉语老师、心理老师。她通过讲述自己的成长经历，勉励学生努力学习、实现梦想。她也用自己的实际行动，影响周围老师，传递爱学生、爱职业、爱岗位的教育教学正能量。

这样的故事还有很多。每个人的点滴努力都能够汇聚成强大的力量，正所谓独行快、众行远。今年，距离建成社会主义现代化强国还有 33 年。今天，18 岁到 27 岁的 90 后有 1.74 亿人，28 岁到 37 岁的 80 后有 2.28 亿人，加起来一共 4 亿青年人将亲身参与、亲眼见证、亲手实现中华民族的伟大复兴。国家发展的黄金时代与青年成长的黄金岁月高度重合，这是大家的际遇和机缘。

生逢盛世，我们应该如何做新时代青年呢？习近平总书记对青年“有理想、有本领、有担当”的嘱托就是新时代青年的前进方向。

先说有理想。有一位青年 17 岁时在中学毕业作文里写道：“如果我们选择了最能为人类福利而劳动的职业……我们的幸福将属于千万人，我们的事业并不显赫一时，但将永远存在。”这位青年就是马克思。17 岁时大多数人想到的不过是今生今世、眼前的苟且，但是马克思想到的则是生生世世、诗和远方。向马克思学习，就是要与时代同呼吸、与人民共命运，就是要将自己的理想融入国家发展，就是要尽力做好职责范围内的点滴，我们相信梦想终将照进现实，每一个人都是一段传奇！

再说有本领。最近有本书很火，叫《习近平的七年知青岁月》。当年的小伙伴回忆起青年时期的习近平是这么说的：“他碰到喜欢看的书，就要把书看完；遇到不懂的事情，就要仔细研究透彻。一个十五六岁的小伙子，同龄人都跑出去玩耍，他还能饿着肚子坐得住，能踏下心来看书、阅读、思考，这确实需要一定的定力，需要有很强的求知欲和上进心。”青年人身上自带领先一步的驱动力。大学时代，无论大家就读什么专业，都处在找准路径、修炼思维、拓展格局的关键时期。修炼硬本领没有捷径，就是静下心来看书、阅读、思考。

最后说说有担当。青年时期的习近平总书记是一个非常有主心骨的人。他有了想法，有了思路，就一定要仔细研究，一定要把事情做好。他有一股钻劲，有强烈的上进心。这就是有担当。无论是对民族、对国家，还是对自己、对他人而言，担当精神都是青年人的可贵品质。培养担当精神需要在坚定理想信念的指引下，不忘报效祖国的初心；需要大家在纷繁复杂的日常学习中，葆有处变不惊的气度。

我相信，只要广大青年能像习近平总书记期许的那样，有理想、有本领、有担当，就一定能在实现中国梦的伟大实践中放飞青春梦想，书写人生华章！

最后借用毛主席的一句词：俱往矣，数风流人物，还看今朝。

今朝，将因你而精彩！

让我们携手同行！

谢谢大家！

新时代的考卷，新青年的回答

北京师范大学　倪佳琪

尊敬的各位老师、亲爱的同学们，大家好！

我叫倪佳琪，是北京师范大学的一名辅导员。

今天我分享的题目是《新时代的考卷，新青年的回答》。从小到大，咱们都经历过大大小小无数次考试，今天，咱们就以十九大为主题，以考促学、师生互动，全场开卷大联考。

第一题，填空题，关键词：党代会。请看题。

2017年10月18日上午9:00，______会（简称党的十九大）在人民大会堂开幕。习近平代表第十八届中央委员会向大会做了题为《决胜全面建成小康社会 夺取新时代中国特色社会主义伟大胜利》的报告。

逆推法分析可知，这道题是在问我们十九大的全称是什么？台下有同学露出了自信的笑容，嗯，想必这道题对绝大多数同学来说是送分题。揭晓答案：中国共产党第十九次全国代表大会。

这道题的用意何在呢？我们常说要做生活中的有心人、政治上的明白人。但是有时候，一知半解或者不求甚解成了很多同学的习惯。比如，新闻联播中耳熟能详的“中共中央、国务院”这七个字，其实是两个机构；而这两个机构的全称和功能分别是什么呢？

中共中央的全称是中国共产党中央委员会，是由党代会产生的中共核心权力机构。中华人民共和国国务院即中央人民政府，是最高国家权力机关的执行机关。那么追问一下：我们国家的最高权力机关是什么呢？那就是全国人民代表大会。

第二题，改错题，关键词：时代。请看题。

随着十九大的胜利闭幕，我们携手迈入了新时代。既然是改错题，也就是说这句话肯定是有误的。那么误在何处？这其实事关一个萦绕在很多同学心中的问题，那就是：我们同心戮力的新时代到底是何时开始的呢？

人民出版社出版的党的十九大报告单行本在第三部分“新时代中国特色社会主义思想和基本方略”中开篇即说到“十八大以来……”这就是一个明确的答案，即从 2012 年十八大以来的五年，是习近平总书记带领全党砥砺奋进的五年，是新时代的发端。这说明中国特色社会主义在十八大以来就已经进入新时代，这是我国发展新的历史方位。

更进一步，大家可能关心的问题是：新时代划分的依据是什么呢？应该说，新时代的划分是基于党和国家发展的角度，站在全局、统揽大局，高度总结分析做出的精准判断。

“时代”二字可以借助唯物辩证主义法，拆开来理解：时，是长期的量的积累；代，是急促的质的跨越。

如果说毛泽东时代是建立新中国、站起来的时代；邓小平时代是实现富裕、富起来的时代；那么新时代就是以习近平总书记为核心的党中央带领全国人民实现中国梦、强起来的时代。

有人说，我们国歌的第一句“起来”就预示着我们的祖国会一步步地站起来、富起来、强起来。果然深刻！

第三题，选择题，关键词：初心。请看题。

中国共产党的初心和使命是？答案是什么？

十九大报告正文第四段中铿锵有力地注明了：不忘初心，方得始终。中国共产党人的初心和使命，就是为中国人民谋幸福，为中华民族谋复兴。这个初心和使命是激励中国共产党人不断前进的根本动力。

在历史的长河中，我们都是沧海一粟。如果我们静下心来，去听听别人的故事，也许会有不同的感受。我来自北京师范大学，其前身北京女子高等师范学校诞生了我党史上第一位女党员。

缪（妙）伯英，1899 年生于湖南长沙。1919 年以湖南省状元的身份考入北京女子高等师范学校；次年 11 月，她和丈夫何孟雄共同加入了由李大钊组织的北京共产主义小组。中共一大召开前，全国只有 50 多名党员，夫妻俩位列其中，一英一雄，被誉为中共党史上的“英雄夫妻”。缪（妙）伯英积极投身群众运动，广泛宣传马克思主义，推动妇女争取政治和经济上的平等权利。长期清贫而不稳定的生活使她积劳成疾，年仅 30 岁就因病逝世。病危时，她拉着丈夫何孟雄的手说：“我既以身许党，就应为党的事业牺牲。奈何因病行将辞世，未能战死沙场，真是憾事！孟雄，你要坚决斗争，直到胜利。你若续娶，要善待重九、小英两儿，使其健康成长，以继我志。”半年后，何孟雄因叛徒出卖而英勇就义，留下的两个孩子在战火中走失，至今下落不明。一“英”一“雄”，用生命诠释了共产党人的信仰。同样是两个孩子的母亲，每每想到此处，我都无比痛惜。是的，舍小我、成大我；牺牲自己、为了人民；这就是共产党的初心，也是从第一代共产党人延续下来的精神命脉。

改革开放的总设计师邓小平曾有这样的要求：中国共产党制定各项方针政策的出发点和归宿，以及判断各项工作成败得失的标准是“四个人民”，即人民拥护不拥护、人民赞成不赞成、人民高兴不高兴、人民答应不答应。

接力棒传到新一代领导人手中，习近平总书记也反复强调以人民为中心的思想，包括人民对美好生活的向往就是我们的奋斗目标，把实现好、维护好、发展好最广大人民的根本利益作为党和国家一切工作的出发点和落脚点等。因此，在十九大报告中，“人民”二字先后出现了 203 次，直抵人心，激发共鸣。所以，这道题的答案就是：A 和 B

第四题，连线题。关键词：矛盾。请看题。

1981 年，十一届六中全会指出：在社会主义改造基本完成以后，我国所要解决的主要矛盾是人民日益增长的物质文化需要同落后的社会生产之间的矛盾。这一论述在 36 年间，没有发生改变。而经过近 40 年的改革开放，我们党带领全国人民告别贫困、跨越温饱，即将实现全面小康。我国经济总量稳居世界第二，社会生产能力在很多方面进入世界前列，中国制造、中国品牌、中国标准、中国方案应运而生。在这样的背景下，我们的社会生产已经摆脱落后的定语，我们对美好生活的需要也已经超越物质文化所能涵盖的范畴，因此十九大报告指出，我国社会的主要矛盾已经转化为人民日益增长的美好生活需要和不平衡不充分的发展之间的矛盾。

同学们可能会有疑问：社会主要矛盾的判断何以如此重要？我的专业背景是心理学，那我就以心理学中著名的“人格发展八阶段”理论为例，向大家做个以小见大的说明。

以年龄为分界，人格的发展经历了八个阶段，每个阶段都有一对主要矛盾，为了解决这组矛盾，我们要学习很多、思考很多、体验很多。当我们最终在规定时间内成功克服了主要矛盾，就会收获一个重要的人格品质，并且顺利地进入下一阶段，继续开始“聚焦矛盾、解决矛盾、突破成长”的循环节。小到个人，大到社会，莫不如此。因此，十九大对于我国社会当前主要矛盾的新论断，对我们的社会发展来说意义重大。大家可以据此理解甚至预测接下来一段时间里政府的很多政策调控和工作部署一定会紧紧围绕这一组矛盾展开。

第五题，看图说话。关键词：未来。请看题。

猜猜这张图，是什么？

答案可能有点意外，这其实是北京市三帆中学的校徽。这所学校也是北京师范大学二附中的初中部，其学科实力雄厚、育人硕果累累。

2017 年 11 月 22 日之前，红黄蓝还只是我们头脑中的三种颜色而已，但是此刻，大家看到与这三个颜色有关的任何图标，第一反应很可能是发生了变化。

红黄蓝事件折射出来不少社会现象和社会问题，目前舆情依然高涨。为什么大家的情绪瞬间都被点燃了？因为这件事事关教育、事关儿童、事关我们的未来。那么，当前我们党和国家把教育放在了一个怎样的位置上呢？

第六题，简答题。关键词：教育。请看题。

请问，为什么十九大报告要求：必须把教育事业放在优先位置？

让我们看看人民出版社出版的《十九大报告辅导读本》中，教育部部长陈宝生是如何认识这个问题的吧。他这样说道：

1. 决胜全面建成小康社会，必须优先发展教育，办好人民满意的教育。

2. 开启全面建设社会主义现代化国家新征程，必须优先发展教育，加快教育现代化。

3. 实现中华民族伟大复兴的中国梦，必须优先发展教育，将建设教育强国作为基础工程。

小结一下，通过刚才的三道题，我们可以更加系统地、有条理地来解读十九大报告中与教育有关的内容。

我国社会主要矛盾已经转化为人民日益增长的美好生活需要和不平衡不充分的发展之间的矛盾，教育领域同样存在这一矛盾。不平衡一般与短板相连，不充分多数与热点相关。它们都是教育的难点和重点问题，解决这些问题是新时代对教育工作提出的新要求。

在教育领域，不平衡、不充分各有六项主要表现，接下来，我们的教育事业肯定就要瞄准这 12 个问题，攻坚克难，不断取得新进展。具体该怎么做呢？答案也在十九大报告之中。

第七题，阅读理解。关键词：行动。

十九大报告的第八部分有一段关于“优先发展教育事业”的专门论述，现在就由我带领大家一起来精细阅读、认真领会。

首先，民生工程可以说是一项没有终点的长跑，新的阶段、新的矛盾、新的需求、新的民生。因此报告中强调，要一件事情接着一件事情办，一年接着一年干。以教育为例，过去的五年间，我国的教育投入，从 2 万亿元突破到 3 万亿元。具体到高等教育：高等教育毛入学率达到 42.7%。2016 年我国高等教育在学总规模 3699 万人，占世界高等教育总规模的 1/5，已经成为世界高等教育第一大国，正在向着第一强国迈进。大家可能觉得，这些有啥了不起的？让我们来对比改革开放前后的数据，大家的感受可能会更直观、更震撼。

1981 年，我国的教育财政总支出 1114.97 亿元，经过 35 年的发展，增长了 28 倍。大家出生时，大概 1998 年吧，高等教育毛入学率仅为 9.76%、在学人数 360 万，这是什么概念？也就是说，如果时光倒回 20

年，此刻能在大学校园里接受高等教育的同学要减少90%多，此刻能坐在这里学习的同学，十人之中仅留一人。所以，珍惜吧，同学们，用爸爸妈妈的口头禅来说：你们真的赶上了好时候。

第二，我们说十九大报告“通篇闪耀着持久的真理光芒、蕴含着磅礴的真理力量，把马克思主义中国化推向了一个新的高度”，不仅因为报告起草过程可见一斑，更是因为报告内容精益求精、堪称完美。我跟大家分享一个小细节。在学习十九大报告时，我注意到一点，报告把网络教育放在了学前教育、特殊教育和高中教育之间的位置，我一开始并不理解，因为从我有记忆起，网络教育就是面对面教育的一种补充形式，是工作后在职学习，或者是先进学校拓展网上业务的手段而已。但是，为什么十九大报告把网络教育提前了，同学前、特殊、高中三类教育一起放到同等重要的位置呢？这就体现了报告中与时俱进的基本原则。教育部数据显示，我国各级各类学校互联网的接入，五年前是20%多，现在是90%多。网络教育在这五年间飞速发展，并且可以预测，接下来会得到更多的重视和支持。咱们北科大的同学有网络技术，我们北师大的学生有教育基础，大家如果开展深度合作，顺势而为，必成大器。

第三，加快一流大学和一流学科建设，实现高等教育内涵式发展。何为内涵式发展？打个形象的比喻，就是咱们教育事业的“四梁八柱”已经搭建好了，目前进入“全面施工、内部装修”的阶段了。以往快速发展教育阶段，外延式的增长是主要的，更多强调了规模和速度。如今，面向未来，到了更加注重内涵和质量的阶段。高校立身之本，在于立德树人。只有培养出一流人才的高校，才能够成为世界一流大学。因此，各位是北科大一流学科建设的受益人，也是母校一流学科建设的参与者，恭喜你们，期待你们！

第四，加强师德师风建设，培养高素质教师队伍。2014年9月9日，教师节前夕，习近平总书记视察北京师范大学，发表了“‘四有’好老师”重要讲话，号召全国的教师有理想信念、有道德情操、有扎实学识、有仁爱之心。作为一名师范院校的辅导员、国家免费师范生的班主任，我不仅自身要自觉践行“四有”好老师的要求，还要做好所带师范生同学的师德教育。我所带的2013级国家免费师范生班级，以“四有好老师、四年共奋进”为班级建设理念，先后荣获全国高校活力团支部、北京市先进班集体、首都高校优团计划第三名等多项省市级以上集体荣誉。本科毕业后，同学们都已经步入工作岗位，在我国中西部地区的基础教育领域发光发热。

第八题，计算题。关键词：青年。请看题。

今年，你____岁？经过改革开放40年，新中国成立70年，等到2020年，中国全面建成小康社会，你____岁？

2035年，中国基本实现社会主义现代化，你____岁？

2050年，中国成为富强民主文明和谐美丽的社会主义现代化强国，你____岁？

我们再换一个更大的视角。从现在的2017年到本世纪中叶，有33年的时间。与你们同龄的90后有1.74亿，与我同龄的80后有2.28亿，加起来就是4亿人！

亲爱的同学们，我和你们，将亲身参与到全面建设社会主义现代化国家新征程中，将亲眼见证、亲手实现中华民族的伟大复兴。我们个人成长的黄金岁月与国家民族的黄金时代高度重合。

这是新时代给我们出的考卷，希望大家都可以给出最完美的回答！谢谢大家！

砥砺奋进新时代，大国青年新征程

中国农业大学　刘亚楠

七天的时间，中国让世界进入了十九大时间。三万多字的报告，十九大让我们在这里读懂中国。报告以“不忘初心，牢记使命”开头，以“大道之行，天下为公”结尾，提出新时代、新思想、新判断、新概念、新理论、新目标。今天，我会从历史新坐标、教育新作为、青年新使命三个方面与大家分享。

一、历史新坐标

在分享之前，我想先跟大家一起再回顾一下这几个数字：10月18日，习近平总书记在人民大会堂万人大礼堂的讲台前做中共十九大报告，全文32359个字，历时近三个半小时。习近平总书记用洪亮的声音一气呵成，赢得全场71次掌声，他宣告“经过长期努力，中国特色社会主义进入新时代，这是我国发展新的历史方位”。习近平总书记在十九届中共中央政治局常委同中外记者见面时强调，“新时代要有新气象，更要有新作为”。

站在新的历史起点，追随新时代的领路人，我们应当思考，新时代从哪里来？新时代来自过去五年全方位、开创性的成就，来自过去五年深层次、根本性的变革。事非经过不知难，我们每个人都是五年来国家发展变化的亲历者、见证者。

“一带一路”沿线20国青年评选出中国“新四大发明”——高铁、支付宝、共享单车、网购。可见，我们最日常的生活方式竟被外国友人疯狂打call!

高铁，我们出行的标配，如今是外国人最想带回家的“中国特产”。2.2万公里的中国高铁，总里程超过第二位至第十位国家的总和。

不知道大家有没有注意到，从2017年9月25日起，微信的启动画面有了一点点变化，虽然还是那个小人站在地面上，但是背景的地球却不大相同。以前那张非洲上空的地球卫星照已经换成中国上空的地球卫星照，这是由我国新一代静止轨道气象卫星“风云四号”从太空拍摄的祖国全景。这是微信六年来首次更换背景图片。

“中国天眼”落成、“墨子号”成功发射、国产大型客机C919首飞、“复兴号”高铁飞驰，不仅中国创造成果丰硕，“让世界爱上中国造”这句广告语也正在实现。

五年来，中国平均每年有1300多万人摆脱贫困，相当于一个欧洲中等国家的人口规模，贫困发生率降至4%以下，创造了世界减贫史上的奇迹。

五年来，凭借“不得罪成百上千的腐败分子，就要得罪13亿人民”的信念，中国政府共立案审查省军级以上党员干部及其他中管干部440多人人，追回外逃人员3450多名，“百名红通人员”名单中的50人落网。

“极不平凡的五年”“解决了许多难题”“办成了许多大事”“历史性变革”，这些不仅是对过去五年历史性成就的概括性总结，我想也是新时代启程的“压舱石”。

当“悟空、墨子、蛟龙”数以亿计的“青年”名词一一亮相惜字如金十九大报告时，不仅是在为过去点赞、为当下点题，也是在为新时代的未来点将。

党的十九大报告对新时代有五个明确的地位，让我们一一来看。

新时代是承前启后、继往开来、在新的历史阶段条件下继续夺取中国特色社会主义伟大胜利的时代。“1979 年，有一位老人，在中国的南海边画了一个圈。”作为改革开放的总设计师，邓小平带领党的第二代领导集体做出决定当代中国命运的重要抉择，实行改革开放的伟大决策，中国进入了改革开放的新时代。而中国特色社会主义新时代是继邓小平改革开放新时代以来的又一个历史性新时代，带着“红船精神”启程，一路走来，中国共产党不忘本来、吸收外来、面向未来。

新时代是决胜全面建成小康社会，进而全面建设社会主义现代化强国的时代。从《礼记》中对“大道之行、天下为公”的大同社会的描述，到《桃花源记》中对阡陌交通、鸡犬相闻的理想社会的向往，人民对安定祥和的小康社会的憧憬由来已久。改革开放之初，中国共产党提出人民生活总体达到小康水平这一目标。随着实践的发展，又提出人民生活更加殷实的小康社会构想。在此基础上，党的十八大又提出全面建成小康社会的奋斗目标，且在“四个全面”战略布局中居于引领性地位。今天，全面建成小康社会第一个百年目标的实现近在咫尺。在实现“两个一百年”奋斗目标的征程中，我们将沿着中国道路的瑰丽，续写中国故事的魅力。

新时代是全国各族人民团结奋斗、不断创造美好生活、逐步实现全体人民共同富裕的时代。我手机里有很多张照片，但是有一张一直没删，不仅因为与我家乡同名的“潍坊”舰载着 449 名中国公民平安撤离，更是因为从那时起，我们知道无论发生什么、不管多远，中国政府总是会把中国公民第一时间接回家。而身处国内，我们更是幸运且幸福。有一种安全感，那便是我在中国；有一种获得感，那就是岁月静好里的美好生活。在新时代里，党和国家为“人民对美好生活的向往”做出庄严的承诺，而我们团结奋斗、砥砺奋进，不妄自菲薄，也不狂妄自大，而是理直气壮、刚健从容，用我们伟大的工程、伟大的事业、伟大的梦想和洋溢在脸上最自信的微笑，向世界呈现最好的我们和最好的中国。

新时代是全体中华儿女勠力同心、奋力实现中华民族伟大复兴中国梦的时代。中华儿女汇聚磅礴力量，在追梦、筑梦、圆梦的路上，一个都没有少。“风云四号”实现了我国静止轨道气象卫星从并跑到领跑的跨越。

从“天宫二号”开始，人类探索太空的征途上将留下更多属于中国的足迹。在这960万平方公里的土地上，身处360行的中华儿女将在自己的岗位上身着戎装或工装，坚守自己的责任，完成自己的使命。“厉害了，我的国!”是中华儿女对伟大祖国的称赞，“奋进吧，新时代”是每一个中国人奋力实现中国梦的心声。

新时代是我国日益走近世界舞台中央，不断为人类做出更大贡献的时代。中国梦与世界梦紧密相连，密不可分。中国离不开世界，世界也离不开中国。今天，在世界最广阔的大陆、海洋上，亚投行57个意向创始成员国开始谱写共同繁荣的乐章，“一带一路”倡议沿线60多个国家、44亿人口正在演奏梦想的交响曲。在刚刚结束的中国与世界政党高层对话中，习近平总书记发表题为《携手建设更加美好的世界》主旨演讲。“借得东风好行船。”而这些，是我们在走近世界舞台中心的路上，不断贡献的中国经验、中国智慧、中国力量和中国方案。

中华民族伟大复兴，绝不是轻轻松松、敲锣打鼓就能实现的。使命呼唤担当，使命引领未来，在时代，我们的教育也要有新作为。

二、教育新作为

十九大报告中有四个关于教育的关键词：优先位置、基础工程、内涵发展、立德树人。在世界第一大高等教育大国把教育摆在优先发展位置的今天，在推动“双一流”建设，落实“立德树人”这一根本任务的教育事业中，通过今天活动的标题——“写好教育奋进之笔”，也可以深刻体会到，在新时代，教育必须要有作为。那么，如何写好教育现代化的奋进之笔、锻造出立德树人的得意之作、实施好“办人民满意教育”的亮点之举？我想跟大家讲讲我和我学生的故事。

我是国际学院的一名辅导员，国际学院是学校16个学院中本科生数量最多的一个学院，每年有1000名左右本科生在国内学习，600多名本科生在国外学习。一天24个小时，如果以昼夜平分定义我们的工作时间，那么北京与美国、英国10几个小时的时差，让我的工作时间无缝对接、完美结合，不仅有面对面的交流，还有隔空的问候。工作中，他们很多时候让我哭笑不得，但更多时候，他们以自己95后的方式感动着我。说到安全感，他们会说护照第一页上那句“中华人民共和国和外交部请各国军政机关对持照人予以通行的便利和必要的协助”给了我们强大的安全感。他们说，在纽约时代广场跨年的时候，看到大屏幕上写着“HAPPY NEW YEAR CHINA”特别骄傲和自豪。他们会在春节的时候自己包饺子、看春晚，想着祖国想着家；他们会在一起看十九大开幕会，认真地说着“我们依旧是总书记最牵挂的人”；他们也会把“C919”首飞刷遍朋友圈，会记住4月1日那天的“81192，请返航”。他们的生活里不仅有王者荣耀和C位，也有理直气壮的基因和底色。他们参加完社会实践会说“生活条件优越的我们其实离生活很远”，“新疆离我们很远，新疆人离我们很近”。他们会认真地教外教和留学生使用支付宝，会向身边的老师和同学描绘除了北京以外的中国。他们说，在这里，多了一份青春的骄傲和跨越时空，讲述一个美好的中国。他们的成长是我工作中所有的骄傲，努力的他们在我眼里就是最可爱的人。

作为一名思想政治教育工作者、一名辅导员，我想在“育人”的这份大事业中做一个小工匠，择一事，爱一生。青春背后的青春，我愿用青春铺路，让理想延伸。北京教工委之前拍过一个辅导员的微电影，取名《55°的青春》，影片最后写道，我们的青春是有温度的，55℃，热烈但不炙热，让人觉得舒服又不会不敢靠近。我想，这就是我们这个群体的工作和日常。很多人说，其实我们的工作永远无法精确它的温度，我们面对的每一个学生，可能是我们的百分之一、千分之一，但对每一个家庭来说都是百分之百。记得之前有个老师说，其实我们所有的工作都有着巨大的价值，最简单的分宿舍工作就能决定谁和谁成为朋友。就这样，带着这些大情怀、小确幸，还有越累越高的发际线，我们的工作不仅白天精彩，夜晚也闪亮。学生的获得感、幸福感、价值感是我们不变的初心。

习近平总书记在全国高校思想政治工作会上说，思想政治工作根本上是做人的工作，面对“千禧一代”的尾巴，做人的工作，深感责任重大，使命光荣。党的十九大报告中不仅有我们熟悉的“青年”，也出现了43次的“教育”。培育和践行社会主义核心价值观，加强思想道德建设，落实立德树人根本任务，培养德智体美全面发展的社会主义建设者和接班人，加快一流大学和一流学科建设，实现高等教育内涵式发展，健全学生资助制度，加强师德师风建设，就业是最大的民生，坚持就业优先战略和积极的就业政策，鼓励创业带动就业，实施健康中国战略。教育体制中“四梁八柱”的改革方案已经基本建立，现在正进入“全面施工，内部装修”的阶段。着眼正在干的事情、放眼想做好的事业，我也经常问自己，能否以“永不懈怠的精神状态和一往无前的奋斗姿态”奉献在为国育人的伟大事业中，我想我们每一位教育工作者都会“心怀美好，满怀希望”，不忘初心，牢记使命。

三、青年新使命

不忘初心、方得始终。当时代在不断发问：青年人能为社会做点什么的时候，我们该以怎样的实际行动走向远方？94 年前，孙中山在演讲中说，学生要立志做大事，不可要做大官。今天，耶鲁大学的高材生、黑土麦田的创始人秦玥飞在殿堂和田垄间直接选择后者，脚踏泥泞，俯身躬行。总书记说这是一个最好的时代，也是一个最坏的时代，我想这是一个信仰的时代，也是一个怀疑的时代，我们比任何时候都更接近“两个一百年”的奋斗目标，我们将亲眼见证“全面建成小康社会”。在中国大步走近世界舞台中心的今天，在座的各位将代表未来的中国与世界谈判。中国路、中国桥、中国网、中国智慧和中国方案，将由现在的青年传递给世界。在更加激荡、更加鲜亮、更加饱满的时代里，正处黄金期的我们要认真思考这样一个问题，从现在开始到 2050 年，会书写怎样的历史？又会在这个关键节点、历史交汇期中扮演怎样的角色？“始终奋进在时代前列”的姿态还会不会成为我们这一代人独特的精神气质？这是时代赋予我们教育工作者最幸运的使命，也是时代交给青年最神圣的担当。

“青年兴则国家兴，青年强则国家强”“青年一代有理想、有本领、有担当，国家就有前途，民族就有希望”，党的十九大报告中对广大青年寄予了厚重的期望，也赋予了我们沉甸甸的时代使命。在新一届常委中外记者见面会上，总书记讲道，未来五年，有一些重要的时间节点是我们工作的坐标。2018 年，改革开放 40 周年；2019 年，建国 70 周年；2020 年，第一个百年目标全面建成小康社会；2021 年是建党 100 周年。看到这些时间节点，带着总书记对青年人“让中国梦激扬青春梦”的嘱托，我们应将自己的一生融入国家和民族的事业中去。

《浮士德》里有句话是这样说的：我要纵身跳进时代的波涛，我要纵身跳上时代的车轮；苦痛、欢乐、失败、成功，我都不问，男儿的事业原本要昼夜不停。新时代给了我们最辉煌的底色，不忘初心，勇立潮头，“待到山花烂漫时，她在丛中笑”，待到强国实现时，我们在笑，相信世界也会跟着笑！问苍茫大地，谁主沉浮，同为青年，你我共勉。

历史新成就　走进新时代

北京林业大学　刘伟

各位老师，各位同学，大家好！

我是来自北京林业大学的辅导员刘伟。作为本次十九大精神宣讲团的第一篇章，我想和大家分享的主题是——历史新成就 走进新时代。

一、感悟新时代

习近平总书记在十九大报告中指出，五年来的成就是全方位的、开创性的，五年来的变革是深层次的、根本性的，解决了许多长期想解决而没有解决的难题，办成了许多长期想办而没有办成的大事。

经济保持中高速增长，对世界经济增长贡献率超过30%，外界是否承认已不重要，中国已经成为世界第二大经济体。“一带一路”倡议、京津冀协同发展、长江经济带发展，让960万平方公里的中国从未像今天这样生机勃勃。在刚刚过去的五年里，天宫、大飞机陆续上天，蛟龙、航母相继入海，天眼、悟空让星星不远，墨子让天地联网，我们与远古对话，千年梦圆的泪光中闪烁着多少执着与骄傲；“一带一路”高峰论坛、APEC北京峰会、G20杭州峰会、金砖厦门会晤、中国共产党与世界政党高层对话会，全球数十亿人都在倾听，而这声音来自北京。世界已经从与中国共享经济发展中获得红利，奏响了更高层次的共享思想理念红利，中国这只睡醒的狮子，是世界和平的建设者、全球发展的贡献者、国际秩序的维护者。

同学们，什么是新时代呢？我想与大家分享两个故事。

第一个故事是关于我的三叔的，他被授予了联合国维持和平行动勋章。1991年，撒哈拉地区发生战乱，三叔作为中国的维和人员，被外派到西撒哈拉地区。1991年，可能在座的同学们，每天都会和爷爷一起看新闻联播。我为什么印象深刻呢？是因为我奶奶是个连自己名字都不认得的老太太。我不知道，大字不识一个的奶奶到底在看什么，直到三叔完成任务，回到家。三叔带回来的有压缩饼干、防弹头盔、防沙眼镜。三叔说，开着巡逻车出去的时候，可以清楚地听到子弹飞过的声音，防沙眼镜确实可以防撒哈拉的沙，但防弹头盔并不会真的防弹。于是我知道，奶奶每天就是想从新闻里看看——在那两个她都叫不上来名字的国家里，它们之间那场仗什么时候打完，她最小的儿子能不能安全回家。

20世纪90年代的维和行动中，虽说各个国家都有外派维和人员，但是完全是美、英、法等西方国家主导的。三叔所在维和部队的总司令是加拿大上校、分区司令是法国上校，就连司令部的参谋和干事都是他们的人员。中国的维和人员都在具体巡逻点工作，在最前线、最危险的地方，所以才能听到子弹飞过耳边，所以才有那么多维和人员牺牲。那时苏联刚解体，三叔说，现在的中国，在维和中继续贡献自己的力量，现在的维和部队中中国将军任总司令的情况屡见不鲜，这是对中国整体军事实力的认可，更是对中国敢于担当国际形象的认可。所谓大国，不是靠在世界上张牙舞爪来刷存在感，不是靠对他国指手画脚来刷满足感，不是靠撒钱炫富来刷获得感。它靠共建共赢的胸怀、敢作敢当的气度、利国利民的责任、筑梦圆梦的能力来获得国人的信任和世界的尊重。朱日和大阅兵，当威武铁军夹带着沙场硝尘滚滚而来，我们看到的是90年红旗漫卷和90年砥砺奋进。90年前，共产党人血染山河，换来泱泱中华金瓯永固；90年后，利比亚撤侨、亚丁湾护航、巴厘岛接游客，当人群中响起“起来，不愿做奴隶的人们，把我们的血肉组成我们新的长城”，五星红旗成为灾难面前最强的强心剂。大家都说这是在蹭《战狼2》的热度，其实倒不如说是《战狼2》在蹭中国的热度，蹭中国崛起的热度。

下面我想分享第二个故事。我的单位北京林业大学被评为北京十大最美高校，这里有很多雕塑作品，但人物雕像只有一尊，是开国林垦部长梁希。梁希先生一生从事林业，毕生夙愿就是“黄河流碧水，赤地变青山”。梁先生在去世前最后一篇文章里写到“中国九百六十万平方公里的国土，全部都成一个大公园，大家都在自己建设的大公园里工作、学习、锻炼、休息、快乐地生活”，这是多么令人神往的美妙境界。我所在的北京林业大学园林学院就有一支这样的研究生团队，在贵州哈尼族进行古村落保护。他们真真正正地把论文写在了祖国的大地上。习近平总书记说，要让老百姓望得见山，看得见水，记得住乡愁；绿水青山就是金山银山，北京百万亩平原造林，塞罕坝的绿色奇迹、山西右玉的生态传奇、陆良八老的终生守护，“无山不绿，有水皆清，四时花香，万壑鸟鸣”的生态中国，正在一步步向我们走来。

二、体会新时代

同学们，什么是新时代？我想，新时代的到来是我们每个人最切实的感受。

说到新时代，必须要说说咱们的“新四大发明”——高铁、移动支付、共享单车和网购。我想分享几个“新四大发明”的故事。

首先，我们可以从罗杰斯选择定居新加坡说起。据罗杰斯自己说，他选择新加坡是因为更便于孩子们学习中文。在谈到为何让女儿学中文时，罗杰斯这样说道：“因为中文将是他们余生最重要的语言。19 世纪是属于英国的，20 世纪是属于美国的，但 21 世纪将是属于中国的，无论我们愿意与否。”如果罗杰斯愿意为中国的经济发展贡献自己的力量，我们欢迎他举家定居北京，毕竟这里更便于孩子们学习中文。新加坡总理李显龙就曾谦虚又客观地说，我的外交部部长在中国想要体验在“不怕口袋没钱，只怕手机没电”的无现金生活。原来是这么回事，在上海街头，排队购买水果时，这位外交部部长看每个顾客都会让老板看一眼手机，还以为是优惠券。轮到他结账的时候，部长说，我是有钱人，我不用优惠券。老板致以尴尬又不失礼貌的微笑，什么优惠券、有钱人？这位部长说，我用现金。老板更加尴尬了，你有现金啊，可，我没有……这么尴尬的局面，我真想咱们白云大妈啊，赶紧出个脑筋急转弯，缓和一下这尴尬的气氛。李显龙总理说，我们要向中国学习移动支付。基于新加坡总理这样谦虚友好的态度，我们愿意与他们一起进步，一人红红一点，大家红红一片，全球红才能红满园嘛！正如习近平总书记在十九大报告中指出的，我们中国倡导构建人类命运共同体，促进全球治理体系变革。

接着就是共享单车。在咱们北京，共享单车骑起来免费，那是家常事儿，骑多了还发红包，这也不足为奇。我的一个学生现在韩国留学攻读演艺经纪，她告诉我韩国也有共享单车，姑且叫小绿车吧。在北京，骑共享单车，最多就是车况不好的时候，骑着腿累；那在首尔，骑共享单车，主要是心肝疼，一个小时合 60 元人民币。我们宣讲组的组长张琪老师，他是开共享汽车来的，首尔单车的价格和咱共享汽车差不多了。贵咱就不说了，单单看这个租用的复杂程度，我真是为小绿车公司的未来捏把汗啊。

再说高铁。我的弟弟在东京留学，我今年去东京，他跟我讲新干线去大阪怎么个行程，我说新干线是啥意思，我弟说就是高铁。我说这么近，坐高铁还至于那么久吧，我弟说您那是中国高铁速度，在这那速度最多就是咱们的动车的速度。我们会心一笑，我就说嘛，此高铁非彼高铁啊！对于日本，我们的态度是坚定的，钓鱼岛从来……就……只是……我们中国的！

最后就说网购，我最爱、最自豪的网购。2014 年，APEC 在北京召开，11 月北京人民多了 6 天的假期，我去了祖国宝岛台湾，正好赶上双十一。我们习以为常的淘宝、京东、小红书，天猫、聚美、唯品会，基本上幼儿园小朋友都知道淘宝可以买到玩具吧，台湾黄金时间播出的谈话节目在解读双十一，我可要好好看看是如何解读的，结果吓得我瓜子都掉了……一个类似电视购物的女主持人，不要 998 那种，声嘶力竭、无比惊讶地在问一个经济专家：如何支付才能保证我付款卖家不会不发货呢？他们的快递居然可以查到从发货到收到的每一个环节，这是怎么做到的呢？专家也没有说出个所以然来。最后整个节目组，对2014年的70亿营业额，表示吓掉了下巴。这样一期40分钟的节目，让我非常吃惊，搜索了一下台湾当时的快递公司数量，发现仅两家而已，并且台湾也还没有普及支付宝和微信支付，足以见得祖国大陆网购的便捷和发展之迅速。

小的时候我们背诵四大发明，学习丝绸之路，其实我真的不能体会，如果没有这些发明，没有丝绸之路，我们的生活、我们的世界会是什么样子的，因为我们没有过过那种日子，就像我说我们小时候的事情，90后的你们可能不能理解一样，所以对于四大发明，虽然我们为之骄傲，但体会得并不真切。“新四大发明”，我们在座的每个人，都经历了从无到有、从陌生到熟悉的过程，以至于习以为常、不可或缺。而且，在许多国家还是零基础的时候，我们的技术已经登峰造极、炉火纯青了，这是真真切切的骄傲和自豪啊！

三、走进新时代

同学们，我想问一下，你们今年多大了？到2021年，第一个“一百年”的时候，你们多大了？到2049年，第二个“一百年”的时候，你们又多大了？那个时候，你们在哪里、在做什么、又想说些什么呢？

习近平总书记在十九大报告中说：中国梦是历史的、现实的，也是未来的；是我们这一代的，更是青年一代的。中华民族伟大复兴的中国梦终将在一代代青年的接力奋斗中变成现实。

今年你们19岁，杜甫19岁时开始出游各地，在吴越写下“枕戈忆勾践，渡浙想秦皇”的豪迈诗句，准备大展拳脚。然而，他生活在唐朝由盛转衰的年代，仕途不顺，战乱流离，最后长逝江舟。周恩来19岁时在给朋友的临别赠言中写道“愿相会于中华腾飞世界时”，在那样一个内忧外患的年代，中华腾飞于世界对青年人来说更多的是一种激励，激励他为之奋斗一生。

同学们，今天19岁的你们，正在经历中华民族两百年以来最为波澜壮阔的民族复兴伟业。中华腾飞于世界不再是遥不可及的口号与目标，正如习近平总书记所说：中华民族没有像今天这样如此接近民族伟大复兴的中国梦。我们生逢其时，正逢其事，唯有精进，才能不负时代，不负此生。

中国特色社会主义进入新时代，意味着近代以来久历磨难的中华民族迎来了从站起来、富起来到强起来的伟大飞跃。为什么我们要站起来，因为我们之前跪着；为什么我们要富起来，因为我们穷怕了；为什么我们要强起来，因为我们再也不要受欺负。

中国特色社会主义进入新时代，意味着科学社会主义在21世纪的中国焕发出强大的生机活力，在世界上高高举起中国特色社会主义伟大旗帜。20世纪30年代，国内革命遭受重创，中国共产党坚信革命是“东方已见光芒四射喷薄欲出一轮朝日”；20世纪90年代，东欧剧变、苏联解体，社会主义在世界范围内陷入低潮，中国共产党人仍然坚信世界上赞成马克思主义的人会多起来。

中国特色社会主义进入新时代，意味着中国社会主义道路、理论、制度、文化不断发展，拓展了发展中国家走向现代化的途径，给世界上那些既希望加快发展，又希望保持自身独立性的国家和民族提供了全新的选择，为解决人类问题贡献了中国智慧和中国方案。中国共产党既没有走封闭僵化的老路，也没有走改旗易帜的邪路，不忘初心，牢记使命，高举中国特色社会主义伟大旗帜，走中国特色社会主义道路，带领我们昂首走进新时代。

这个新时代，是承前启后、继往开来、在新的历史条件下继续夺取中国特色社会主义伟大胜利的时代；

这个新时代，是决胜全面建设小康社会，进而全面建设社会主义现代化强国的时代；

这个新时代，是全国各族人民团结奋斗、不断创造美好生活、逐步实现全体人民共同富裕的时代；

这个新时代，是全体中华儿女勠力同心、奋力实现中华民族伟大复兴中国梦的时代；

这个新时代，是中国日益走近世界舞台中央、不断为人类作出更大贡献的时代。

这个时代不是虚妄的、不着边际的，更不是画饼充饥、望梅止渴。它在我们日益丰富的餐桌上，在我们越来越便捷的生活上，在我们跨越时空的无障碍交流中和无比坚定、从容、自信的心态中。很多人说，我感觉不到，因为这些太平常，生活本来不就是这样的吗？何来美好与富强？

我们站在时间轴上，会说“那年乱世如麻，愿你们来世拥有锦绣年华”；我们站在空间轴上，会说“这不是一个和平的世界，只是我们生活在了一个和平的国度”。你所有的习以为常，是几代人非同寻常的努力。我们要做的，是给后人留下一个让他们习以为常的时代。

我们常说，致我们终将逝去的青春，既然青春终将逝去，何不让它呼啸而过！加油吧，同学们！

暖融融的真守护　沉甸甸的获得感

首都师范大学　王洵

各位同学，大家好，我是来自首都师范大学的辅导员王洵。在分享之前，我想先给同学们看一段与我这个主题高度契合的视频（播放：中国共产党全球宣传片《我是谁》）。相信大家和我一样，看到这段短片会充满力量、无比感动。总有一个人，在默默地守护你！你是谁？是中国人民。而守护者，正是中国共产党！

习近平总书记在十九大报告的开篇就讲道：不忘初心，牢记使命。中国共产党人的初心和使命，就是为中国人民谋幸福，为中华民族谋复兴。这个初心和使命是激励中国共产党人不断前进的根本动力。那么今天我就想带领同学们拨开时光的迷雾，一探“初心”的萌发和延续，梳理“以人为中心”思想的形成和发展的过程；再探“初心”成就了怎样的信心和决心，围绕十九大报告的第八部分，结合社会重要关切和与大学生最密切相关的高等教育来品一品咱们的“获得感”！

一、一颗温暖的初心：坚持以人民为中心

当历史步入近代，中国人民在帝国主义和封建主义的双重压迫下苦苦挣扎，在这令人绝望的时刻，浙江嘉兴南湖的一条小船上，中国共产党成立了，中国人民从此有了属于自己的领导者和组织者。

（一）建党之初

有人说谈什么为了人民，不过是自己吃不饱饭，被逼上绝路只能造反。那我们来看看最早一批共产党员的典型：彭湃，出身于一个大工商地主家庭，彭家有“鸦飞不过”的田产和1500名佃农。他受过良好的教育，毕业于日本早稻田大学，完全可以锦衣玉食、一生富贵，但他心中有了坚定的共产主义理想并亲手烧掉自己的田契，宣告土地归属耕种的农民所有。他是我党早期卓越的领袖，可英勇就义时年仅33岁。夏明翰，同学们都听过他的绝笔诗，“砍头不要紧，只要主义真。杀了夏明翰，还有后来人。”可大家也许不知道，他是湖南豪绅家庭的少爷，祖父官至三品、母亲是诰命夫人。在这样的家庭里，夏明翰的妹妹是湘南妇女运动领袖，光荣牺牲时年仅26岁，两个弟弟也扛起了工农革命的大旗，英勇就义时刚20岁左右。这绝不是个例，井冈山时期是我党最弱小、最艰苦、最风雨飘摇的斗争岁月，我能查到的至少有3位留学生、16位大学生、41位黄埔军校毕业生，他们都是家境殷实的知识分子，完全可以谋取锦绣前程。但他们中的绝大多数人，为了点燃可以燎原的星星之火，献出了年轻而宝贵的生命。由此可见，我们党的初心，是不计个人、不求富贵，谋大同的、无私的、忘我的、高尚的理想信念。

正如中华人民共和国的缔造者毛泽东同志提出的，党的根本宗旨是“全心全意为人民服务”“我们这个队伍，完全是为着解放人民的，是彻底地为人民利益工作的”。

（二）中华人民共和国成立以来

中华人民共和国成立以来，无数共产党人继续守护初心。“中国原子弹之父”、两弹元勋邓稼先毕业于西南联大和美国普渡大学，仅用一年多的时间就获得物理学博士学位。1950 年，他放弃国外的优厚待遇回到祖国，冒着酷暑严寒、隐姓埋名地在戈壁试验场度过了整整 8 年。1964 年 10 月，中国成功爆炸的第一颗原子弹就是由他最后签字确定的方案。之后，他又带领团队以世界上最快的速度研制成功了氢弹。但因为长期接触放射性物质，邓稼先的癌细胞扩散很快，已无法挽救。那一年国庆，他的心愿是去再看一眼天安门，他临终前留下的话仍是如何在尖端武器方面努力，并叮咛：“不要让人家把我们落得太远……”党的好干部焦裕禄生前是河南兰考县委书记，当时的兰考遭受严重的内涝、风沙、盐碱三害，他带领全县人民与严重的自然灾害进行顽强斗争。他身患肝癌，依旧忍着剧痛坚持工作，铸就了激励一代人的“焦裕禄精神”。他带领群众为了防风固沙而栽种的泡桐树，已培植成河南的一个特色产业。截至 2014 年，该产业年产值已达60 多亿元，全县泡桐从业人员达6 万多人。像这样把一生献给祖国的人，我们还能说出很多很多，他们都有一个共同的名字：共产党员。

所以，改革开放的总设计师邓小平同志坚持用“人民拥护不拥护”“人民赞成不赞成”“人民高兴不高兴”“人民答应不答应”来检验“全心全意为人民服务”的效果。

（三）新的时代

新时代的领路人习近平同志在十八大以来，始终与人民心连心、同呼吸、共命运。他在群众路线教育中讲道：“我们党来自人民、植根人民、服务人民，党的根基在人民、血脉在人民、力量在人民。”以人民为中心的发展理念，是习近平新时代中国特色社会主义思想的重要内容。

十九大报告中，“人民”一词共出现203 次，习近平总书记强调：“全党同志一定要永远把人民对美好生活的向往作为奋斗目标，以永不懈怠的精神状态和一往无前的奋斗姿态，继续朝着实现中华民族伟大复兴的宏伟目标奋勇前进。”

所以接下来，我就想带着同学们看看，在新时代里，以人民为中心的发展理念有怎样的体现。

二、一颗强大的信心：坚持在发展中改善民生

十八大以来，一大批惠民举措落地见效，人民获得感显著增强。我想从三个感触特别深的方面举例说明。

（一）打响脱贫攻坚战

以习近平同志为核心的党中央把脱贫攻坚摆到治国理政的突出位置，脱贫事业迎来了历史性的跨越和巨变。这是举世瞩目的减贫实践——短短5年，6000多万贫困人口稳定脱贫，相当于一个欧洲大国的人口总数，贫困发生率从10.2%下降到4%以下。

5年来，习近平总书记30多次到国内各地考察，几乎每次都提到扶贫。从黄土高坡到茫茫林海，从雪域高原到草原牧区，从西北边陲到云贵高原，他走遍了全国14个集中连片特困地区。

湖南省花垣县排碧乡十八洞村村民杨秀富的农家小院里，5张餐桌摆放整齐，冰柜、碗柜等物品一应俱全。游客们在这里既能享用美食，还能细细品味独具特色的苗家美景。2016年，杨秀富一家收入4万余元，成了村里精准脱贫的典型。产业兴村、旅游兴村全面发力，由深度贫困村到136户贫困户全部脱贫摘帽，十八洞村气向一新。杨秀富夫妇不会忘记，3年多前，习近平总书记翻山越岭来到这个贫困村，走进多个低保户、特困户家中，仔细了解村民的生产生活情况，提出“精准扶贫”理念，成为扶贫工作的基本方略。找准“穷根”合力攻坚——精准扶贫，精准脱贫，这是扶贫实践的中国智慧，是世界减贫事业的中国贡献。

习近平总书记强调，我们要立下愚公移山志，咬定目标，苦干实干，坚决打赢脱贫攻坚战，确保到2020年所有贫困地区和贫困人口一道迈人全面小康社会。

（二）健康中国战略

人民健康是民族昌盛和国家富强的重要标志。体育，是健康中国的一个缩影；奥运，是中国向世界展示新风貌的一扇窗口；鸟巢一代的高校志愿者，更是锻造、凝聚、激励了一批新青年。2015年7月31日，国际奥委会主席巴赫宣布：中国北京张家口获得2022年第24届冬季奥林匹克运动会举办权。北京也创造了历史，成为第一个既举办过夏奥会又举办冬奥会的城市。这在百年前中国被称为“东亚病夫”的时局里简直无异于痴人说梦，而这在35年前许海峰射下奥运首金的时候恐怕也难以想象。

就在上个月，获得59个世界冠军的大杨扬女士来到首都师范大学，在她讲述了精彩的奥运人生之后，学校特地安排了一个环节，由我院团委书记上台与她互动访谈，讲述我院三代共青团人与奥运结缘的故事：我的前前任书记当年带着学生会制作了邮票长城和万人签名助力申奥的百米长卷，为第一次申奥摇旗呐喊。后来，他离开学校去国企工作，2008年奥运会时是“首旅集团”的副总，负责整个奥运特别是鸟巢周边的运输接待和餐饮服务。冬奥会申办成功后，他又从北京市东城区常务副区长调任冬奥组委任财务和市场开发部部长。我在2008年奥运会和残奥会作为观众服务区的志愿者主管带领学生服务工体和鸟巢，这两年暑假都组织了“美丽京津冀 助力冬奥行”暑期社会实践项目，今年获得首都大学生暑期社会实践百强团队和优秀社会实践成果。团委书记的展示深深打动了冰雪女皇和在场的同学，因为我们的故事是亿万中国人在健康中国的建设途中踊跃参与、积极助力的缩影。

习近平总书记说，要通过筹备冬奥会，普及冬季项目，“让三亿人上冰雪”“把北京冬奥会办成一届精彩、非凡、卓越的奥运盛会”。这是健康中国的又一次激励和邀请。

（三）国家安全保障

2015 年 3 月，也门港口亚丁和荷台达，中国海军用短短两天时间就成功完成 571 名中国公民的撤离任务；而美国政府则公开表示，无法帮助他们在也门的公民离境。这一事件不仅作为电影素材为《战狼 2》赢得 60 亿票房，也彰显了中国人的尊严和自信。有网友说，中国的护照也许不能去全世界任何地方，但可以把你从任何地方接回家。美国的中国留学生中流传着一个经验——“钱包里带上 20 美元现金，遇到抢劫就给劫匪。如果多于 20 美元损失比较大，但如果少于 20 美元，劫匪可能就会伤害你。这似乎是劫匪们的潜规则。”而在中国，咱大学生半夜自习饿了出去吃个宵夜、撸个串儿，似乎没人当作是件冒险的事。这，就是千金难买的“安全感”。

三、一份坚定的决心：坚持优先发展教育事业

民生中最为基础、关切长远且与我们青年学生最息息相关的就是教育。十九大报告明确指出优先发展教育事业。对于发展高等教育而言，现在恰逢其时：

首先，“双一流”的号角刚刚吹响。

习近平总书记指出，“中国特色、世界水平的现代教育”是“两个一百年”奋斗目标和中华民族伟大复兴中国梦的重要组成部分。他说：“办好中国的世界一流大学，必须有中国特色。”“中国特色、世界水平的现代教育必然是传承中华文化血脉、扎根中国大地、践行中国特色社会主义道路、服务国家发展的教育。”我们注意到，“双一流”的三步走和十九大提出的分两步在 21 世纪中叶把我国建成富强民主文明和谐美丽的社会主义现代化强国的时间线刚好契合，高等教育改革发展和现代化建设进程加速带来了叠加的获得感。

其次，全国高校思政工作会的春风化雨润物无声。

2018年12月召开的全国高校思想政治工作会议上，习近平总书记做了3个多小时的重要讲话。围绕“立德树人”，他语重心长地提出：要教育引导学生正确认识世界和中国发展大势；正确认识中国特色和国际比较；正确认识时代责任和历史使命；正确认识远大抱负和脚踏实地。这番话如明灯引航，为青年学子指明了成长方向。

最后，十九大拉开新时代的序幕。

今天，台下许多同学都是师范生，习近平总书记在3年前的教师节曾向教育工作者提出做“四有好老师”，当时他讲道：一个人遇到好老师是人生的幸运，一个学校拥有好老师是学校的光荣，一个民族源源不断涌现出一批又一批好老师则是民族的希望。十九大报告里，习近平总书记又强调：“努力让每个孩子都能享有公平而有质量的教育”“加强师德师风建设，培养高素质教师队伍，倡导全社会尊师重教。”所以，今天我们在这里共同期许，师者为师亦为范，在新时代里为国育才、责任艰巨、使命光荣。当然，也有一部分同学是非师范生，但是你们也将永远带有母校的师范气质，成为理解教育、尊重教育、重视教育的各行各业的中流砥柱。

高等教育质量内涵提升的红利，是我们在大学中可以享受的获得感，而我们青年学生通过不懈奋斗让勤奋学习成为青春飞扬的动力，让增长本领成为青春搏击的能量，这份积累和成长更是属于高校学子的独有获得感。

“可上九天揽月，可下五洋捉鳖，谈笑凯歌还，世上无难事，只要肯登攀！”同学们，新时代的序曲已经奏响，请勇敢地走上舞台中央，用舍我其谁的勇气担当，谱写无愧于青春和时代的人生华章。

迈进新时代，开启新征程，续写新篇章

北京工商大学　尹航

坚定信念，真理为魂，这是一份理想根植沃土，责任扛在肩上的模范答卷。

尊敬的各位领导、老师、亲爱的同学们：

大家晚上好，我是北京工商大学的辅导员尹航。党的十九大报告是中国共产党开启新征程、续写新篇章的政治宣言和行动纲领。今天，我将从发展新征程、党建新篇章、青年新使命三个不同的角度来和大家做一个分享。

一、新坐标激昂新作为

（一）初心追寻，从梦想启航的地方再出发

不知道大家有没有注意到，2017 年 10 月 31 日，在党的十九大胜利闭幕一周之际，习近平总书记带领中共中央政治局常委专程赶赴上海和嘉兴，瞻仰中共一大会址和南湖红船，回顾建党历史，重温入党誓词。

"明镜所以照形，古事所以知今。"从梦想启航的地方出发，重回中国共产党的"产床"，是因为只有牢记来时的路，牢记为什么出发，才能不忘初心，才能有开拓前进的勇气和力量。

其中有一张照片显示的是上海兴业路76号，中共一大会址。参观者络绎不绝，繁华的商业区"新天地"近在咫尺。在上海兴业路下车后，习近平等人步行来到中共一大会址纪念馆。

活动期间，展览的三幅图片引起习近平的久久凝视。一幅是中国近代时事漫画《时局图》，列强瓜分，熊、鹰、犬、蛤蟆盘踞中国版图。一幅反映的是清末给列强赔款的惊人数字，白银令人痛心地如开闸河水般涌出国门。一幅是马克思观察中国国情后写下的一段话："一个人口几乎占人类三分之一的大帝国，不顾时势，安于现状，人为地隔绝于世并因此竭力以天朝尽善尽美的幻想自欺。"

那时候，中国就是任人宰割的肥羊，多么屈辱。百年前，无数仁人志士苦苦探求救国救民的道路，却历尽挫折。

1921年7月，13位代表怀抱救国救民和实现共产主义的梦想，从全国各地走向这里。就在这座小楼里，中国共产党从山河破碎、风雨飘摇的乱世中挺立而出，由当初的50多人壮大到如今的8900万名，书写了世界政党史上的奇迹。

（二）新时代中国共产党的历史使命

"中国是一个具有九百六十万平方公里土地和六万万人口的国家，中国应当对于人类有较大的贡献。而这种贡献，在过去一个长时期内，则是太少了。这使我们感到惭愧。"1956年，毛泽东同志这样感慨道。

开场我给大家播放的那段视频的名字就叫作"赶考"。1949年3月23日，党中央离开西柏坡前往北京，毛泽东同志意味深长地说："今天是进京赶考的日子。"2016年7月1日，习近平总书记在庆祝中国共产党成立95周年大会上的重要讲话中指出："这场考试还没有结束，还在继续。"

面对新的历史大考，如何继续经受考验、交出优异答卷？

如今，这个拥有450多万个党组织、8900多万党员、在有14亿人口的发展中大国连续执政近70年的世界第一大党，创造了一个又一个中国奇迹。

从十八大迈向新时代，从十九大再启新征程，我们以“赶考”的心态执政，“考官”是人民群众，“考题”虽然千变万化，中国共产党人始终不忘初心，始终带着亿万人的嘱托，为国家未来的发展指明方向。这是中国奇迹点亮世界的高光时刻，是拓展人类发展前景的康庄大道。

“中国发展正站在新的起点上。中国将深入贯彻创新、协调、绿色、开放、共享的发展理念，为‘一带一路’注入强大动力，为世界发展带来新的机遇。”60年后，习近平总书记胸有成竹地向世界发出“邀请函”。

在时间与空间的审视中、历史与现实的观照中，一个国家和民族的不朽奇迹清晰地展现出来，一个政党无与伦比的伟大丰碑巍峨矗立。

新时代的中国共产党人有什么使命？那就是实现“两个一百年”的奋斗目标，实现中华民族伟大复兴的“中国梦”。

二、新时代开启新征程

（一）中国奇迹震撼世界：复兴之路，大国崛起

时间倒退到80年前，英国学者李约瑟发出“李约瑟之问”：尽管中国古代对人类科技发展做出很多重要贡献，但为什么近代科学和工业革命没有在中国发生？

这位当年的中国通一定想象不到今天的这样一幅画面，高铁、网购、支付宝、共享单车已经被评为中国的“新四大发明”。我们出门就只需要带一部手机，手机点一点，汽车就到了我们眼前，手机点一点，快递就送到我们跟前。

党的十八大以来，中国共产党在解决中国经济“怎么看”问题的基础上，形成以新发展理念为指导、以供给侧结构性改革为主线的政策框架，解决了发展经济要“干什么”的问题；贯彻稳中求进工作总基调，解决了做好经济工作要“怎么干”的问题。

"经济硬着陆""金融风险大爆发""改革陷入停滞"……这些为中国"量身订制"的预言，一一落空，从未应验。我相信在场的许多同学都去参观了"砥砺奋进的五年"大型成就展，在展览中，一件件中国重器的实物模型展现在眼前：中国车、中国桥、中国网、中国飞机，我想大家看到这些以后一定会感到十分震撼和自豪。十八大以来，一件件中国重器让世界刮目相看，"墨子号"量子卫星成功发射，国产大型客机 C919 试飞成功，第一艘国产航母下水，神舟十一号载人飞船与天宫二号交会对接，北斗卫星导航系统进行全球组网……而这每一件重器，都是我们行走世界的底气。

高速铁路里程世界第一，货物进出口总额世界第一，出境旅游人数和出境旅游支出世界第一……一个个不停刷新的"世界第一"让世界不断刷新着对中国的认知。中国正以前所未有的创新勇气和创新能力，对这个著名的世纪之问给出清晰的回答。

（二）中国巨轮驶向何方：乘风破浪，扬帆远航

中国奇迹的背后，是中国共产党的领导。这就是中国奇迹最鲜明的标志和最核心的密码。历史和现实都告诉我们，只有共产党才能救中国，只有中国特色社会主义才能发展中国。

在矿渣上运土造田，把公路修到大山之间……正在热映的电影《十八洞村》取材于一个湘西山村的脱贫实迹。过去几年，中国有千千万万的人民如十八洞村村民一样走出贫困，这一历史性的变革刷新了中国的面貌，也将中国的发展带到下一个起点。

行进在新的水域，中国这艘巨轮将驶向何方？

目标如同灯塔，指引着航船扬帆破浪的行程。十九大报告提出，从现在到 2020 年，是全面建成小康社会决胜期。习近平总书记更是高瞻远瞩地擘划了之后 30 年的发展蓝图，从 2020 年到 2035 年，"再奋斗十五年，基本实现社会主义现代化"；从 2035 年到本世纪中叶，"再奋斗十五年，把我国建成富强民主文明和谐美丽的社会主义现代化强国"。

今天，我们将基本实现现代化的时间表提前十五年，将第二个百年目标升级为“建成富强民主文明和谐美丽的社会主义现代化强国”，这源于近40年来年均9%以上的速度增长；源于中国经济稳居世界第二的体量；源于人民生活水平的长足提升；源于各方面事业的根本进步。这样的新目标、新征程植根于时代变化，着眼于人民需求，更彰显着当代共产党人实事求是的精神、不忘初心的情怀和牢记使命的责任。

我们可以很自豪地说，中国这艘巨轮正以深入推进全面从严治党、推进国家治理体系和治理能力现代化、推进和平发展合作共赢的时代潮流和构建人类命运共同体的崭新姿态，航行在推进伟大事业、伟大工程、伟大斗争的正确航线上。

（三）中国方案全面铺设：开拓向前，行稳致远

过去的5年，党和国家发生了历史性变革。今天的中国已经进入世界舞台中心，全球化的大潮让开放的中国进一步融入世界，并发挥越来越重要的作用。这几年，“一带一路”、人类命运共同体、共商、共建、共享，这些中国人耳熟能详的词汇，被接连写进联合国决议文件，成为引导全球发展的关键词。中国理念、中国智慧、中国方案、中国机遇日益受到全球关注。中国故事也为世界上其他国家谋求发展提供借鉴，为各国共同发展提供启示。

推开新时代的大门，我们要踏上的新征程，仍然山水迢迢，仍需闯关夺隘。人们发现，在对社会主义现代化强国的描述中，有了“美丽”这一目标。而对于两个十五年的愿景，也多了诸如“创新型国家”“中华文化”“国家治理体系和治理能力”等方面的内容。十九大报告中，以统筹“五大建设”、实施“七大战略”决胜全面建成小康社会，以六个方面的目标描摹社会主义现代化蓝图，以“五个关键词”“五个文明”定义社会主义现代化强国，更确定下新时代中国特色社会主义思想这一精神支柱、力量源泉和行动指南。

中国的新目标也给世界注入强大信心。“没有其他任何国家能像中国那样，既有长远发展规划，又有短期发展目标。”“中国的制度优势，有利于激发活力并保持政策稳定性和连续性。”不少西方学者这样解读中国的成功密码。当很多国家在搞“拳击赛”的时候，中国一棒接一棒地跑着历史的“接力赛”，为世界经济注入强劲动力，也拓展了发展中国家走向现代化的道路，为世界的和平与发展贡献了中国智慧、中国方案。

也许你会说，这些都离我太遥远了，但实际上，全球化就发生在我们的生活中。我们不难发现，我们比从前更容易买到国外的商品，越来越多的中国人到国外旅游、读书，越来越多的国家针对中国护照免签、落地签，出国游也能说走就走。

“一带一路”倡议提出后，国家制定的“丝绸之路”留学推进计划也让我们有了更多来自于印度、巴基斯坦、哈萨克斯坦等“一带一路”沿线国家的留学生朋友。在2017级本科生开学典礼上，一位来自津巴布韦的会计专业留学生（郑凯）作为留学生代表发言。他说：“我的梦想是学习马可·波罗，做一名文化交流的使者。”中国还支持中国学生到沿线国家留学，2012年以来，共有35万人赴“一带一路”沿线国家留学。可以说，大家是这一倡议的见证者，也是最直接的参与者。

同时，国家的蓬勃发展和不断增长的国际影响力，犹如一个强大的磁场，对海外人才形成强大的吸引力。越来越多的海外人才回国拥抱中国机遇，投身“中国梦”。今天在座的同学当中，也许有打算出国读书的，相信几年后的你在回国就业的时候，一定不是“毅然决然”的抉择，而是拥抱中国机遇的“欣欣然”。作为大学生，我们不做巨变的旁观者，要做巨变的创造者。

三、新青年踏上新征程

习总书记在党的十九大报告中，饱含深情地寄语青年：“中国梦是历史的、现实的，也是未来的；是我们这一代的，更是青年一代的。”

一个“更”字，是对新时代青年使命担当的期待与召唤。

现在，我想请问一下在场有多少同学是文科生？我也是文科生。那现在大家想象一下，如果下学期开学回来你被要求转系，转到物理系去学理，你会愿意吗？会不会感到忐忑？

有一位同学考上清华大学历史系之后自己要去改学物理，但是他当时考清华的时候历史和语文都是满分，物理只有 5 分。所以说这个人如果继续学文可能大有前途，但是如果学理的话，学砸了可能清华都白考了。大家就在想，他怎么就这么想不开呢？

那是在 1931 年，他进入清华大学的第二天就爆发了“九一八”事变，国难当头，他拍案而起：“我要学造飞机大炮！”但是转系也不那么简单的，物理系的系主任并不同意他转系，所以他就软磨硬泡，最终给自己争取了一个在物理系试读一年的机会。结果这个人就变成中国第一个力学系的缔造者，他就是钱伟长。他说：“祖国的需要就是我的专业。”

像钱伟长这样为祖国奉献青春、为国担当的人，每个时代都有。每一代青年都该有自己的使命担当。革命年代，27 岁的李大钊振臂高呼“以青春之我创造青春之国家、青春之民族”；战争年代，25 岁的陈燃在狱中写下了不朽的《我的“自白”书》——人不能低下高贵的头。

2011 年，一位耶鲁大学的优秀毕业生回到中国小山村，走进基层当起村官；4 年后他发起“黑土麦田公益计划”，支持和培养杰出的农村创业者；2017 年，他获评感动中国人物、入选“全球青年领袖”。他叫秦玥飞，一位“85 后”年轻人，用国际化的知识储备与思维方式，尝试改变原始落后的中国乡村。今天，越来越多年轻人像秦玥飞一样，从中国走向世界，又从世界回到中国，他们用直面挑战的社会担当，为中国的未来开辟出无限可能。

一个“更”字，是对新时代青年抓住时代际遇的期待与召唤。

习近平总书记曾说：“每一代青年都有自己的际遇和机缘，都要在自己所处的时代条件下谋划人生、创造历史。”

12 月 13 日是第四个南京大屠杀死难者国家公祭日，在这个特殊的日子，一张漫画刷屏了：一边是南京城破，日军坦克攻进来；一边是南京新街口的照片。两个跨越时空的小女孩隔空对话，“那年乱世如麻，愿你们来世拥有锦绣年华”，戳中无数人泪点。

与老一辈相比，新的青年一代，未曾经历过战乱频发、民不聊生的深重苦难，未曾经历过不屈不挠、前赴后继的纷飞战火，但这来之不易的幸福生活，你我正有幸共享。

假设我们在座的同学们都是18岁，那么，2020年、2035年、2050年的我们是多少岁？21岁、36岁、51岁。我想咱们大一的同学应该都上了一门课叫“大学生职业生涯规划”，对于职业生涯来说，22岁正是我们职业生涯的开始，那时，我们正迎来祖国发展的黄金时代。37岁是我们的职业发展的关键期，那时我们正好处于中华民族伟大复兴的第一个关键期。51岁时，我们到了职业发展的巅峰期，那时的我们是建设这个伟大时代最直接的规划者。

所以，你们注定是这个新时代的最直接的见证者、最大的受益者和最有力的奋斗者，你们是当之无愧的“强国一代”。而行进中的中国，给了你最大的底气。如果说每个人的成长都逃不开他的背景，那么当下的中国，无可比拟地，就是你最牛的背景。

一个“更”字，是对新时代青年放飞自己梦想的期待与召唤。

其实，我们身边不乏追逐梦想的90后。不知道大家在诗词大会中，有没有注意到这样一个女孩。她是我们学校2011级的本科生张超凡。命运在她出生时就夺去了她的左臂，却不妨碍她追逐梦想，活出自己最精彩的模样。她曾拿下全国美术特长生状元，也曾登顶《一站到底》的“大满贯战神”。她是自主创办艺术培训学校的90后校长，也是支教偏远山区的年轻讲师。她是2016年“全国向上向善好青年”。她说，想要就去争取，我们90后天生就是战士。

也许你会说，梦想谁没有，但心中常有两个小人在斗争；一个叫“梦想还是要有的”，另一个叫“算了累了”。一边自我勉励，一边又自我否定。

前段时间，“保温杯”成为一个热词，它所隐喻的不服输的精气神同样需要保温。所以我们不妨回头看看，如果没有砥砺奋进的勇气，祖辈父辈筑梦的路上，铁饭盒里哪来的超级稻，绿皮车哪能开到350，日记本里怎么有“世界那么大，我想去看看”。

如今，迈进新时代，开启新征程，相信参与过这个国家过去五年光辉历程的你们，没有理由对下个五年的发展置身事外。下一个五年、更多的五年，更多精彩的故事等着你们来书写。今天，00后已经登场，“保温杯”还在继续奋斗，90后的你们心怀梦想“勇做时代的弄潮儿”，这，便是最好的中国。你们，也将创造出更好的中国！

把握时代脉搏　书写人生华章

北京化工大学　吴星

各位亲爱的同学：

大家好！我是北京化工大学辅导员吴星。非常高兴能与大家一起学习党的十九大精神。大家应该都了解到十九大是我们党在新时代开启新征程、续写新篇章的政治宣言和行动纲领。习近平总书记强调，要切实学懂、弄通、做实党的十九大精神。

今天，我分享的题目是《把握时代脉搏 书写人生华章》。

一、矛盾新内涵，引领新时代

习近平总书记在十九大报告中与时俱进地对当前我国社会主要矛盾做出新的科学判断："中国特色社会主义进入新时代，我国社会主要矛盾已经转化为人民日益增长的美好生活需要和不平衡不充分的发展之间的矛盾"。我们可以从以下三个方面来理解这一重要问题。

（一）矛盾变化彰显中国成就

在座的各位同学可以思考一下，你们目前生活学习中的主要矛盾是什么呢？我的一位学生说：是同学们日益增长的上网需求和手机电量、WiFi不给力之间的矛盾。没错，这其实也包括在新矛盾的内涵中。实际上，中华人民共和国成立以来，中国共产党对社会主要矛盾有过三次重大的论述，同学们可以进行对比。

矛盾的表述是由国家客观实际所决定的。中华人民共和国成立初期，中国一穷二白、满目疮痍、百废待兴，在那时候的中国，“吃得饱”“穿得暖”就是最大的幸福。所以，1956 年，中共八大指出：我们国内的主要矛盾是人民对于建立先进的工业国的要求同落后的农业国的现实之间的矛盾，已经是人民对于经济文化迅速发展的需要同当前经济文化不能满足人民需要的状况之间的矛盾。

改革开放初期，“独立的、比较完整的工业体系”基本建立，从“温饱”奔向“小康”、从“生存”步入“发展”成为解放和发展生产力的目标。所以，1981 年，中共十一届六中全会指出：我国所需要解决的主要矛盾，是人民日益增长的物质文化需要同落后的社会生产之间的矛盾。

如今，国内生产总值为 80 万亿，稳居世界第二，中国稳定解决了十几亿人的温饱问题，人民生活不断改善，从“总体小康”迈向“全面小康”。所以，2017 年，中共十九大指出：我国社会主要矛盾已经转化为人民日益增长的美好生活需要和不平衡不充分的发展之间的矛盾。

我们可以从“结婚三大件”的演变来一窥端倪。20 世纪 70 年代：自行车、手表、缝纫机。80 年代：冰箱、彩电、洗衣机。90 年代：电脑、空调、摩托车。也许现在就是：房子、存款、小轿车。饮食也从“吃得饱”向“吃得好”再向“吃得健康”转变。

每一次矛盾的变化，都彰显着中国取得的伟大成就，也吹响了继续前进的号角。这三次对“矛盾”的论述，也呈现了中华民族从“站起来”“富起来”到“强起来”的发展历程。

（二）矛盾内涵回应人民期待

那么，近40年来，我国社会主要矛盾究竟有哪些变化呢？在人民需求的角度从“人民日益增长的物质文化需要”变为“人民日益增长的美好生活需要”，也就是从“物质、文化”这两方面变成“美好生活”这个更丰富、更广泛的内涵，通俗地说，就是人民的需求升级了。习近平总书记说：人民美好生活需要日益广泛，不仅对物质文化生活提出更高要求，而且在民主、法治、公平、正义、安全、环境等方面的要求日益增长。同学们现在和我一起想象一下，你心中的美好生活是怎样的？清新的空气、美丽的环境、健康的身体、优质的教育、良好的人际关系、满意的工作、可喜的收入、美满的家庭、舒适的居所、清明的政治、公平的社会、正义的氛围、安全的中国，当然还包括国际影响力、外国人对中国人的评价、祖国的统一等，这一切都是十九大报告中提出的新矛盾的内涵。归结为一句话，就是：你幸福吗？

新矛盾的提出体现出中国共产党始终坚持以人民为中心，践行全心全意为人民服务的根本宗旨，回应人民的期待，把人民对美好生活的向往作为奋斗目标。

（三）矛盾要求校准发展姿态

那么，主要矛盾又对中国共产党提出怎样的要求呢？在社会生产的角度，从“落后的社会生产”变为“不平衡不充分的发展”。经过改革开放近40年的快速发展，我国社会生产力有了历史性的飞跃，在很多领域已达到世界先进水平，如天宫、蛟龙、天眼、悟空、墨子、大飞机等重大科技成果相继问世，“中国制造”已经成为世界的名片。所以，“落后的社会生产”的表述已经不符合实际。

但是，发展的“不平衡不充分”问题也更加凸显出来。首先是“不平衡”。我们先来看一张夜晚卫星图，通过亮度可以判断经济发展水平。我们明显可以看出区域不平衡、城乡不平衡、人群不平衡等。我们总会调侃自己工资“被平均”了，说你的月工资是3000元，邻居的月工资是10000元，那么你们的平均工资是5150元，属于富裕人群。实际上，我国收入差距较大，特别是老少边穷地区的经济比较落后，仍有3000多万人并未脱贫，城市也有很多困难群众，这就是发展不平衡。我问各位同学一个问题：全面建成小康社会中的“全面”是什么意思？与以前所说的“总体”达到小康有什么区别？比如我说在座的同学们总体成绩达到85分，是不是指的平均分？而“全面”指的是每一个家庭每一个人，这是多么伟大的工程和事业。“精准扶贫”就是在这样的背景之下提出来的，是符合新矛盾的要求的。

其次是“不充分”，这主要体现在大而不强、多而不精，以及生产力的质量和效益不高、创新能力不强上。不知道在座的同学们是否记得2015年的一篇文章《去日本买只马桶盖》，当时在网络上讨论得沸沸扬扬。文章说很多人到日本旅游，会顺手抱一只电饭煲回来，是当时流行的“时尚”，甚至连国内生产电饭煲领先的公司的领导也会悄悄从日本买一只回来。当然，购物清单里还有吹风机、陶瓷菜刀、保温杯、电动牙刷等。文章说，最让作者吃惊的是，居然还有三个人买回了五只单只售价2000元人民币左右的马桶盖，它有抗菌、可冲洗和座圈瞬间加热等功能。日本营业员用难掩喜悦的神情和拗口的汉语说：“只要有中国游客团来，每天都会卖断货。”难道国内没有电饭煲、马桶盖？智能手机的情况也是如此，新款苹果手机每次发布一个月内购买都得预订，最晚得等一个月才能才拿到手。难道中国没有手机吗？显然都不是！是中国的生产与供给无法满足人民日益增长的中高端需求。这就是发展不充分。

实际上，十九大报告中的方略和要求，无一不是对“人民日益增长的美好生活需要”这个期待的铿锵回应，无一不是对“不平衡不充分的发展”的这个问题的有力举措。说到底，内涵丰富的新矛盾引领着中国特色社会主义进入新时代。

二、经济新突破，实现新发展

我们先来看一组数据：2013 年至 2016 年，GDP 年平均增长 7.2%，高于同期世界 2.6% 和发展中经济体 4% 的平均增长水平；中国对世界经济增长的平均贡献率达到 30% 以上，超过美国、欧元区和日本贡献率的总和；2012 年至 2016 年，人均国民总收入由 5940 美元提高到 8260 美元，接近中等偏上收入国家平均水平。可以说，十八大以来的五年，我国的经济建设取得重大成就。那么，在新时代下，如何才能回应新矛盾的要求，让发展更平衡更充分，满足人民日益增长的美好生活需要，实现“两个一百年”奋斗目标，实现中华民族伟大复兴的中国梦？其中很重要的就是，贯彻新发展理念，建设现代化经济体系。

（一）改革推动发展

刚才我们说到的《去日本买只马桶盖》，体现出的就是经济发展过程中的问题：一方面，钢铁、水泥、煤炭等产业出现严重过剩；另一方面，中国的生产与供给却无法满足社会日益增长的中高端需求。同时，拼土地、拼资源、拼劳动力的阶段还未过去，上学难、看病难、养老难的问题还未解决。习近平总书记在报告里说，我国仍处于并将长期处于社会主义初级阶段，我国是世界上最大的发展中国家。所以，十九大报告指出，要深化供给侧结构性改革，把提高供给体系质量作为主攻方向，显著增强我国经济质量优势，形成新动能，推动新发展，满足人民日益增长的美好生活需要。同时报告还指出，建设知识型、技能型、创新型劳动者，弘扬劳模精神和工匠精神。这也是在座青年学生的努力方向。

（二）创新引领发展

说起“四大发明”，大家一定都不陌生，那就是：指南针、造纸术、火药和印刷术。同学们知道“新四大发明”吗？高铁、支付宝、共享单车和网购。这是2017年5月由“一带一路”倡议沿线20个国家的青年评选出来的。说到网购，2017年阿里巴巴双11一天的成交额就达1682亿人民币。而2016年，阿里巴巴平台成交额达到3万亿人民币，甚至超过2016年世界GDP排名第24位的比利时。网上有一个段子，同学们也许都看到过。1885年，紫金城内，中堂大臣李鸿章对慈禧说道：“老佛爷，洋人要来给我们修铁路啦。”时过境迁，而历史却总是惊人的相似。2015年，英国伦敦，英国首相卡梅伦对伊丽莎白女王耳语：“女王，中国人要来给我们修高铁啦!”如今，甚至连一个存在几千年的“职业”——小偷，都要消失了。因为现在是无现金生活，几乎人人都不带现金出门，使用手机支付即可。12月14日上午，韩国总统文在寅在北京的一家“永和豆浆”店中享用了传统的中国早餐——油条和豆浆。报道称，文在寅对中国的移动支付颇感兴趣，在结账时问同行的驻华大使卢英敏说，“连这个都能手机结算?”这就是中国的创新。

毫无疑问，华为是中国企业创新的成功典范，也是中国企业创新的一张亮丽名片。2015年，华为研发投入高达596亿元人民币，占销售收入的15.1%，过去十年的累计投入更是超过2400亿元人民币。华为在全球有16个研究所、36个创新中心。2015年华为的专利申请数量全球排名第一。凭借持续创新的理念，华为从一家弱小的民营企业快速地成长为全球通信行业的领导者，是全球最大电信设备商之一。

经过多年的发展和积累，我国重大科技成果不断涌现，创新型国家建设取得明显成效。中国经济发展已经逐步摆脱过去追随者、模仿者的角色，而开始以创新引领的进取姿态，重塑中国发展的内涵和特征。世界知识产权组织发布的2017年全球创新指数报告显示，中国国际排名升至22位，成为唯一进入前25名集团的中等收入国家。

（三）共享成就发展

各位同学，谁手机上没有安装共享单车的App，请举手示意一下。哪位同学们没有用过滴滴出行，请举手示意一下。目测全体同学都有安装共享单车App，也都用过滴滴出行。看来，大家都在享受着共享经济带来的实惠。在北京、广州、杭州等多个城市，继共享单车、共享汽车之后，共享充电宝、共享篮球、共享雨伞等共享经济新形态不断涌现，共享经济的模式已在深深地影响着人们的观念和生活。以共享单车为例，截至2017年7月，全国共享单车企业累计投放车辆超过1600万辆，注册人数超过1.3亿人次，累计服务超过15亿人次。在不少城市的大街小巷，10个骑车人中，可能会有6、7个骑的是共享单车。基于成本低廉、使用方便、解决“最后一公里”出行等优点，低碳环保的观念也随之深入人心。

共享单车甚至走出国门，摩拜单车已在新加坡、英国、日本、意大利、泰国、马来西亚、美国等7个海外国家的12个城市开启了智能共享单车服务，并获得各地政府、居民的欢迎。

毫无疑问，以共享单车为代表的中国共享经济正走在世界的前列。“共享经济”是贯彻“创新、协调、绿色、开放、共享”五大发展理念的集中体现，正在成就着中国经济的发展。

三、青年新使命，书写新华章

习近平总书记在十九大报告中铿锵有力地说道：青年兴则国家兴，青年强则国家强。青年一代有理想、有本领、有担当，国家就有前途，民族就有希望。近一个世纪来，为了实现中华民族伟大复兴的历史使命，无论是弱小还是强大，无论是顺境还是逆境，中国共产党攻克了一个又一个看似不可攻克的难关，创造了一个又一个彪炳史册的奇迹。今天，我们比历史上任何时期都更接近、更有信心和能力实现中华民族伟大复兴的目标。作为青年学生，我们肩负使命。

（一）使命标定理想

在“知乎”上有一个问题：你认为谁是有史以来最伟大的中国人？高票答案写道：毛泽东会回答人民，人民会回答毛泽东。1893年12月26

日，毛泽东生于一个农民家庭。当时的中国，风雨飘摇，受尽屈辱，青年毛泽东把自己的命运与国家的命运结合在一起，以“天下兴亡，匹夫有责”自勉，立志高远，胸怀天下，走上了革命的道路。毛泽东同他的战友们领导中国共产党和中国人民，经过长期艰苦卓绝的斗争，经历了多次挫折和失败，克服了千难万险，最终取得了胜利，缔造了新中国。我想，大家应该不会忘记，毛主席在天安门城楼上向全世界庄严地宣告：“中华人民共和国中央人民政府今天成立了。”是的，他带领中华民族站起来了。

（二）使命需要本领

2000 年，年俞七旬的美国学者傅高义立下志向要写一本向美国人介绍亚洲重要发展的图书。最后，他把目光锁定在邓小平身上。他认为，亚洲的重点在中国，而对中国现代进程影响最大的正是邓小平。他花了 10 年时间，写出来一本《邓小平时代》。他说，邓小平的智慧与能力，远远超出我的预期。正是高超的本领，让中国改革开放总设计师邓小平开启了中国经济腾飞的伟大时代，开创了中国特色社会主义的伟大时代，中华民族的面貌发生了前所未有的变化。邓小平带领中华民族富起来了。

（三）使命呼唤担当

在场的各位同学的年龄应该在 20 岁左右。同样是 20 岁，有一名青年被《人民日报》的一条消息吸引：四川不少地方实现了沼气化。想想村里人冬天要拉煤的辛苦，他动了心思。几天后，他请假自费跑去四川绵阳考察沼气池建造。那时延安没通火车，他坐了两天汽车到西安，然后又坐火车辗转到四川。回村后，他给乡亲们讲沼气的好处，然而乡亲们听得云山雾罩的。他决定先建好第一口沼气池，让事实来说服村民。几个月后，村民们用第一口沼气池的沼气烧饭照明时，都夸这个后生“有知识、点子多”。梁家河的这口沼气池成了陕西省有史以来的第一口沼气池。到 1975 年，他领着村民建起了几十口沼气池，基本上解决了村民烧饭、照明的问题。他就是习近平，肩负使命，责任担当，不负人民重托，无愧历史选择，带领中华民族强起来了。

我用雷锋同志的一句名言与大家共勉：人的生命是有限的，可是为人民服务是无限的，我要把有限的生命，投入到无限的为人民服务之中去。

习近平总书记说，中华民族伟大复兴，绝不是轻轻松松、敲锣打鼓就能实现的。希望在座的广大青年学生，坚定理想信念，志存高远，脚踏实地，勇做时代的弄潮儿，在实现中国梦的生动实践中放飞青春梦想，在为人民利益的不懈奋斗中书写人生华章！

谢谢大家！

往年例题

2016年

初赛试题

一、单项选择题（10分，每题0.5分）

1. 十八届三中全会通过的《决定》指出，全面深化改革的总目标是（D）。

A. 实现中国梦

B. 全面建立社会主义市场经济体制

C. 实现和完成社会主义四个现代化建设

D. 完善和发展中国特色社会主义制度，推进国家治理体系和治理能力现代化

2. 实现中华民族伟大复兴的中国梦，就是要实现（B）。

A. 国家强大、民族独立、人民幸福

B. 国家富强、民族振兴、人民幸福

C. 政治民主、经济发达、社会和谐

D. 国家强大、法制健全、人民幸福

3. 2015 年 7 月 24 日，全国青联十二届全委会和全国学联二十六大在京举行。习近平总书记在向大会发来的贺信中对青年提出志存高远、德才并重、情理兼修、（C）的“十六字诀”。

A. 勇于创新

B. 敢于担当

C. 勇于开拓

D. 敢于拼搏

4. 落实立德树人根本任务，必须把增强学生（C）、创新精神、实践能力作为工作重点。

A. 思想品格

B. 道德修养

C. 社会责任感

D. 问题意识

5. 党的十八大报告提出，到 2020 年要实现国内生产总值和城乡居民人居收入比 2010 年（A）。

A. 翻一番

B. 翻二番

C. 翻三番

D. 翻四番

6. 国务院办公厅《关于深化高等学校创新创业教育改革的实施意见的总体目标》中提出到（B）取得重要进展，形成科学先进、广泛认同、具有中国特色的创新创业教育理念，形成一批可复制可推广的制度成果。

A. 2017 年

B. 2018 年

C. 2019 年

D. 2020 年

7. 《国家中长期教育改革和发展规划纲要（2010—2020）》提出，到 2020 年，主要劳动年龄人口均匀受教育年限从 9. 5 年进步到年，其中受过高等教育的比例达到（ C ）。

A. 12. 30%

B. 12.20%

C. 11.20%

D. 11.30%

8. 全面深化改革领导小组第15次会议审议通过《统筹推进世界一流大学和一流学科建设总体方案》的核心要求是（D）。

A. 立德树人，世界一流

B. 中国特色，创新驱动

C. 立德树人，创新驱动

D. 中国特色，世界一流

9. 2014年10月23日，中共十八届四中全会通过的《中共中央关于全面推进依法治国若干重大问题的决定》提出，坚持依法治国首先要坚持（C）。

A. 司法独立

B. 党的领导

C. 依宪治国

D. 建立法治政府

10. 教育公平的关键是（A）。

A. 机会公平

B. 保障公民依法享有受教育的权利

C. 促进义务教育均衡发展和扶持困难群体

D. 公道配置教育资源

11. 2015年教育部公布《普通高等学校辅导员队伍建设规定》修订情况，其中辅导员工作的要求为（B）。

①政治过硬 ②爱国守法 ③敬业爱生 ④育人为本 ⑤终身学习 ⑥为人师表

A. ①③④⑤⑥

B. ②③④⑤⑥

C. ①②③④⑤

D. ①②③④⑥

12.《普通高等学校学生管理规定》规定，学生应征参加中国人民解放军（含中国人民武装警察部队），学校应当保留其学籍（B）。

A. 一年

B. 至退役后一年

C. 两年

D. 至退役后两年

13.《研究生国家奖学金管理暂行办法》规定博士研究生国家奖学金奖励标准为每生每年（A）万元。

A. 3

B. 2.5

C. 2

D. 1

14.《普通高等学校辅导员培训规划（2013—2017 年）》提出，到 2017 年，专职辅导员队伍中具有硕士以上学位比例由目前的 40% 增长到（B）。

A. 50%

B. 60%

C. 70%

D. 80%

15. 根据《普通高等学校学生管理规定》，学生对复查决定有异议的，在接到学校复查决定书之日起（C）个工作日内，可以向学校所在地省级教育行政部门提出书面申诉。

A. 5

B. 10

C. 15

D. 30

16.《中国共产党普通高等学校基层组织工作条例》规定，党员（C）人以上的系级单位成立党的总支部。

A. 30

B. 40

C. 50

D. 60

17. 根据《高等学校辅导员职业能力标准（暂行）》规定，高等学校辅导员参与中级培训期限为不少于（C）标准学时。

A. 24

B. 36

C. 48

D. 60

18. 根据《普通高等学校学生管理规定》，未请假离校连续（B）周未参加学校规定的教学活动的学生，应予退学。

A. 一

B. 二

C. 三

D. 四

19. 根据《普通高等学校学生管理规定》，学满（B）学年以上退学的学生，学校应当颁发肄业证书。

A. 0.5

B. 1

C. 1.5

D. 2

20. 根据《高等教育法》，经国务院教育行政部门批准，科学研究机构可以承担（D）的任务。

A. 高级中等教育

B. 专科教育

C. 本科教育

D. 研究生教育

二、不定项选择题（10 分，每题 1 分）

说明：该部分共有 10 道题目。在每道题目给出的选项中，至少有一项是正确的。请将正确选项的序号依次写在每题对应的括号里面。完全答对一题得 1 分，多选、少选、错选等情况均不得分。

21. 2015 年 11 月，国务院印发的《统筹推进世界一流大学和一流学科建设总体方案》提出加快建成一批世界一流大学和一流学科，其基本原则是（ABDE）。

A. 坚持以一流为目的

B. 坚持以学科为基础

C. 坚持以创新为主导

D. 坚持以改革为动力

E. 坚持以绩效为杠杆

22. 十八届五中全会强调，实现“十三五”时期发展目标，破解发展难题，厚植发展优势，必须牢固树立并切实贯彻（ABCDE）的发展理念。

A. 创新

B. 开放

C. 协调

D. 绿色　E. 共享

23. 2014 年 10 月 23 日，中共十八届四中全会通过的《中共中央关于全面推进依法治国若干重大问题的决定》提出，全面推进依法治国，总目标是建设中国特色社会主义法治体系，建设社会主义法治国家，促进国家治理体系和治理能力现代化。其特征是（ABCD）。

A. 科学立法

B. 严格执法

C. 公正司法

D. 全民守法

24. 十八届五中全会提出协调发展理念要求重点促进城乡区域协调发展，促进经济社会协调发展，促进（ABCD）同步发展。

A. 新型工业化

B. 信息化

C. 城镇化

D. 农业现代化

E. 服务业标准化

25. 《关于全面推进北京高校学业辅导工作的意见》（京教工［2014］

41号）中规定辅导内容为（ABC）。

A. 发展辅导

B. 方法辅导

C. 课程辅导

D. 心理辅导

26. “十二五”胜利收官，“十三五”扬帆起航。回顾“十二五”特别是党的十八大以来中国走过的发展历程，广大青年都有一个共同的感受：巨大成就来之不易，信念信心尤为重要，“四个意识”必须增强。“四个意识”是指（AB）。

A. 政治意识、大局意识

B. 核心意识、看齐意识

C. 忧患意识、宗旨意识

D. 发展意识、廉洁意识

27. 2013年5月1日正式实施的《中华人民共和国精神卫生法》中对心理咨询人员做出的规定包括：（AC）。

A. 应当尊重接受咨询人员的隐私

B. 可以从事心理治疗或者精神障碍的诊断、治疗

C. 为接受咨询人员保守秘密

D. 将可能患有精神障碍的人员送到符合规定的医疗机构就诊

28. 中央16号文件指出，要加强对经济困难大学生的资助工作，形成以国家助学贷款为主体，包括（ACDE）在内的助学体系，帮助经济困难大学生完成学业。

A. 助学奖学金

B. 国家奖学金

C. 勤工助学基金

D. 特殊困难补助

E. 学费减免

F. 社会奖学金

29.《学生伤害事故处理办法》规定，下列哪些情形下发生的造成学生人身损害后果的事故，学校行为并无不当的，不承担事故责任；事故责

任应当按有关法律法规或者其他有关规定认定：（ABCD）。

A. 在学生自行上学、放学、返校、离校途中发生的

B. 在学生自行外出或者擅自离校期间发生的

C. 在放学后、节假日或者假期等学校工作时间以外，学生自行滞留学校或者自行到校发生的

D. 其他在学校管理职责范围外发生的

30. 三会一课中的“三会”是指什么？（ABC）

A. 支部党员大会

B. 支部委员会

C. 党小组会

D. 民主生活会

三、改错题（10 分，每题 2 分）

说明：该部分共有 5 道题目，每题 2 分。请原题表述错误地方誊写到答题纸上并在后面附上正确答案。

1.《关于进一步加强和改进新形势下高校宣传思想工作的意见》指出，建设一支由学生和辅导员组成的网络宣传员队伍，打造示范性思想理论教育资源网站，学生主题教育网站和网络互动社区，推进辅导员博客、思想政治理论课教师博客、校务微博、校园微信公众账号和社交网络公共主页等网络新媒体建设。

答：“辅导员”改为“青年教师骨干”，去掉“社交网络公共主页”。

2. 近日，国家发布了《中华人民共和国国民经济和社会发展第十三个五年规划纲要》，其中强调培育和践行社会主义核心价值观，要求“用社会主义核心价值观凝聚共识、汇聚力量，增强民族意识、法治意识、道德意识、责任意识、生态文明意识”。

答：改为“用中国梦和社会主义核心价值观凝聚共识、汇聚力量，增强国家意识、法治意识、道德意识、社会责任意识、生态文明意识”。

3. 学生申诉处理委员会应当由学校负责人、职能部门负责人、教师代表、学生代表、部分学生家长代表和学校相关法务工作人员组成。

答：去掉“部分学生家长代表和学校相关法务工作人员”。

4.《关于全面推进北京高校学业辅导工作的意见》（京教工［2014］41号）中要求统筹学校辅导员、班主任、专业教师、学业咨询师、心理咨询师、学生骨干等力量，建设校、院（系）、班三级学业辅导工作队伍。

答：去掉“心理咨询师”“班”，三级改为二级。

5.《普通高等学校学生管理规定》中规定，对患有疾病的新生，经学校指定的一级乙等以上医院诊断不宜在校学习的，可以保留入学资格一年。保留入学资格者不具有学籍。

答：“一级乙等”改为“二级甲等”。

四、简答题（10分，每题5分）

说明：该部分共有2道题目，每题5分。

1. 2015年9月中共中央宣传部、中共教育部党组联合印发《关于加强和改进高校宣传思想工作队伍建设的意见》中提到的加强和改进高校宣传思想工作队伍建设的重点任务是什么？

答：1. 配齐建强工作队伍

2. 提升队伍整体素质

3. 改进加强网宣能力

4. 不断强化实践锻炼

5. 完善激励评价机制。

2. 中组部、中宣部、中共教育部党组于2013年印发《关于进一步加强高校学生党员发展和教育管理服务工作的若干意见》对提高发展学生党员质量的要求是什么？

答：1. 始终把政治标准放在首位

2. 严格发展程序和纪律

3. 加强发展党员工作宏观指导。

五、论述题（30分，每题15分）

1. 办好社会主义大学，高校辅导员应该有何作为？

2. 以文化人推进社会主义核心价值观落细、落小、落实。

六、网文写作（30 分）

港大学生会最新一期《学苑》以“香港青年时代宣言”为题，其中一篇名为“我们的2047”的文章称：“观乎目前香港赤化之快之急，我们现在已需要着手准备二次前途问题，增加谈判桌上的筹码。”同时提出以下诉求：一、香港成为受联合国认可的独立主权国家；二、建立民主政府；三、全民制订香港宪法。直指“50 年不变”届满时的 2047 年是香港的“二次前途问题”。

请以“香港，谁都没资格说独立”为题写一篇不少于 1000 字的网文。

案例分析

1. 研究生新生小李本科就读于二本院校，通过不懈努力考入你所在学校，但繁重的课程和课外阅读要求让他感到十分不适应，尤其是在与其他同学讨论问题时，他常常无话可说。渐渐地，其行为有了抑郁症倾向，想要退学。你该如何处理？

2. 平安夜临近之际，你的几名学生在微信朋友圈、QQ 群、校园 BBS 等在校师生聚集度较高的网络平台上发帖，征人同往一个教堂参加布道会，你将如何处理？

3. 你班上有学生将自己兼职实习赚来的钱投入 e 租宝。2015 年 12 月 16 日，e 租宝涉嫌犯罪，被立案侦查。学生没想到会被卷入骗局，向你求助，作为辅导员的你该如何应对？

4. 一些学生因在外卖窗口购买小吃而出现身体不适，到校医院后被转诊到附近三甲医院。学生发帖猜测学校外卖窗口卫生问题引发学生食物中毒，引起广泛关注。请问你该如何应对？

5. 今年高校毕业生高达 765 万人，距离毕业只剩下两个月时间却依然有学生没有找到工作，一些毕业生非常焦虑。你准备如何做？

6. 一位研究生党员发帖要招募一名跟自己一起学习研读《圣经》的同学，地点在导师办公室，每晚 7：00—9：00。你看到这个帖子后发现是自己带的研究生，你该如何处理？

7. 最近党支部活动在开展“两学一做”活动，党支书向你反映毕业班党员忙于毕业论文答辩和找工作，没有时间聚在一起，更没有时间组织学习，学生对这类政治性的活动也不感兴趣，参与热情不高。你该怎么办？

8. 你所带班上的学生在网上发帖表达对某一门专业课任课教师的不满，言辞犀利，认为该教师墨守成规，多年来不修改 PPT，不与时俱进、思想老旧，引发师生围观。你该如何处理？

9. 女生李某最近两周严重失眠，主要是因为宿舍同学都已经恋爱了，而她担心自己个子矮，长相不出众而孤老终身。该生上课心不在焉，昏昏欲睡。作为她的辅导员，你将如何应对？

10. 研究生一年级女生小顾有一位相恋三年的男友，小顾因两人价值观不同而准备分手，但此时其男友被诊断出得了脑瘤。小顾不想让别人以为她是因男友得病而分手的，于是暂时答应不分手，但是内心十分痛苦。请问你该如何帮助她？

11. 你在给学生上“形势与政策”课时讲党的宣传思想工作。课间休息时，一位学生往讲台上放了 5 毛钱。你应该如何应对？

12. 小方创新能力强，最近在和同学制作小机器人，希望将来能在这方面创业，但又担心耽误了学业，修不够专业课学分，比较苦恼。请问你作为辅导员怎么处理？

13. 你班上有一位少数民族学生通过民考进入本校，又经过预科学习才开始大一的学业，但由于基础薄弱及语言障碍等问题，在学习方面遇到严重的困难，期末考试成绩多门不及格，对此，你会怎么做？

14. 班长向你反映班里同学希望每参加一次班级活动都能计入综合测评加分项或者计入志愿服务时长，否则就不想参加班级活动。请问你该怎么办？

15. 你班上研三学生小杨入学以来一直活泼开朗，寒假期间父母离异，返校后情绪波动较大，被医院确诊为抑郁症。家长明确表示不会管他。你该怎么处理？

16. 你的所带班级的班干部中，有的同学热情高但能力不强，有的同学能力强但热情不高，班委凝聚力不强，一学期下来没有组织什么班级活动。你该如何处理?

17. 你班上大一学生小孙农村家庭出身，经济贫困，入学半年后被查出患有白血病，家中无钱为其治疗。你该怎么处理?

18. 学校学生处在开展全国征兵工作，鼓励大学生积极应征入伍。你班上大二学生小叶一直比较憧憬军队生活，希望能应征入伍，但是家长不同意。你该怎么处理?

19. 有同学向你反映宿舍中有一位新疆学生体味比较大，严重影响其他同学，希望你能帮他们调换宿舍，但是学校宿舍房源紧张，你该如何处理?

20. 这学期开学初，18 岁史学天才患抑郁症自杀和华师大年轻哲学教师江某自杀的消息在网络上传得沸沸扬扬，你班上学生在班级群里热议教育问题、自杀问题。你该如何引导?

谈心谈话

1. 2015 年 6 月 1 日深夜，“东方之星”客船在长江湖北监利段倾覆。船上有小李同学的父母，小李闻讯后情绪失控，要连夜赶到监利。作为小李的班主任，请问你该如何处理？

2. 操场上，两个学院的学生因不满篮球裁判的裁定而起冲突，群情激奋，你作为其中一个学院的分团委书记正在现场观赛，请问你该如何处理？

3. 考研笔试在即，你班上的学生小刘感到有压力，在学生超市捏方便面被超市工作人员发现后扣下，你赶到现场后，将如何处理？

4. 你班上有一位学生小黄，男，平时阳光开朗、成绩优异，之前担任过班长，大三时因为追不上班花，一时想不开，跑到教学楼顶层，声称活不下去了，你该怎么办？

5. 党和国家领导人要视察学校，研究生小武在网上发帖泄露了校园警卫情况，将要被警察带走，面对警察和学生，你该如何处理?

6. 大一新生军训中，女学生小郭对其辅导员（男）产生强烈好感，军训最后一天，小郭喝了点啤酒，要向辅导员表白……

7. 又到了一年推优入党，你所带班上的大三学生小楚连续两年没能推选上，于是小楚的家长前来送礼，要跟你聊聊……

8. 临近毕业派遣，大四学生小毛在签署三方协议后，突然提出想违约，认为这份工作不能实现自己的职业理想，认为当前“大众创业、万众创新”形势一片大好，他想去创业，作为他的辅导员，你应该如何应对呢?

9. 大四学生小董，中共党员，在寒假期间接触了家乡一些信教亲友，对宗教产生了浓厚兴趣，还准备去参加周末宗教聚会。了解到这一情况后，作为他的辅导员，你该如何处理?

10. 你班上的小胡同学（男）性格内向，凡事依赖同宿舍小丁同学，慢慢地对小丁同学产生好感。同学们在私下议论说小胡是同性恋，小胡自已也感到很苦恼，于是他到你办公室想跟你聊聊……

11. 学校将推荐你所带的团支部参加北京市“先进团支部”评选，此时有一位同学小陈要求退团，并在微信个人公众号上陈述退团原因，转发量很大。你把团支书和小陈叫来，想跟他们好好聊聊。

12. 你班上学生小徐在周末跟随学校自行车社团外出骑行的过程中遭遇车祸被送至医院。小徐是家中独子，事情发生后，其父亲老徐从广西老家连夜赶到学校，要到办公室跟你谈谈。

13. 你班上学生小曹在学生餐厅吃饭时发现菜叶中有虫子，便拍照后上传至学校论坛。小曹号召同学们抵制这一餐厅，约定次日中午集体罢餐，引发学生热议，成为当日十大新闻。你该如何处理？

14. 小李家庭贫困，已连续三年接受学校资助，但是今年没有评上国家助学金，她认为评选有黑幕，愤愤不平地来找你。你该如何向她解释。

15. 学生小姚常年胃不好，吃不惯学校餐厅的饭菜，买了电饭锅在宿舍做饭，被楼管查收。在查收过程中，小姚态度不好，楼管向你反映了这一问题，你该如何处理?

16. 小王，女，家庭富裕，衣着艳丽，经常在同学中炫富，认为将来毕业直接继承家族产业即可，不用努力学习，于是经常旷课，即使上课也多在睡觉，还看不起同学，在同学中产生不好影响。你该如何处理?

17. 小徐是你班上的学习委员，工作了一学期，在班级投票评选优秀班干部时落选，于是心情郁闷，认为自己付出很多却没有得到回报，没有得到班级同学的认可。她到办公室找你想辞职……

18. 你班上研究生小韩与心仪单位签订了三方协议，其中备注必须大学英语六级通过才能正式签约。在毕业前最后一次六级考试中，小韩作弊被抓，未能通过六级考试。小韩向你求助，你该怎么处理?

19. 你班上的学生小张非常关心国家大事。“两会”刚一结束，他就找到你，想跟你探讨中国经济发展前景和房地产市场问题，你该如何跟他谈话?

20. 你班上一名学生向你报告，说他们宿舍一同学的笔记本电脑被盗，大家怀疑是同宿舍小刘同学所为。你来到这间宿舍，你该如何处理?

2017 年

初赛试题

一、单项选择题（10 分）

说明：该部分共有 20 道题目，每题 0.5 分，计 10 分。请在答题纸上作答。

1. 2014 年 3 月，习近平总书记关于推进作风建设的讲话中，提到“既（B），又谋事要实、创业要实、做人要实”的重要论述，称为“三严三实”。

A. 严以管理、严以用权、严以律己

B. 严以修身、严以用权、严以律己

C. 严以修身、严以管教、严以律己

D. 严以修身、严以用权、严以自律

2. 实现中华民族伟大复兴的中国梦，就是要实现（B）。

A. 国家强大、民族独立、人民幸福

B. 国家富强、民族振兴、人民幸福

C. 政治民主、经济发达、社会和谐

D. 国家强大、法制健全、人民幸福

3．全面深化改革领导小组第 15 次会议审议通过《统筹推进世界一流大学和一流学科建设总体方案》的核心要求是（D）。

A. 立德树人，世界一流

B. 中国特色，创新驱动

C. 立德树人，创新驱动

D. 中国特色，世界一流

4．十八届三中、四中、五中、六中全会的议题分别是（D）。

①全面建成小康社会②全面深化改革③全面建成社会主义现代化国家④全面依法治国⑤全面为人民服务⑥全面从严治党

A. ①②④⑥

B. ①②⑤⑥

C. ②③④⑥

D. ②④①⑥

5．党的群众路线教育实践活动着眼于自我净化、自我完善、（C）、自我提高。

A. 自我改进

B. 自我批评

C. 自我革新

D. 自我提高

6．落实立德树人根本任务，必须把增强学生（C）、创新精神、实践能力作为工作重点。

A. 思想品格

B. 道德修养

C. 社会责任感

D. 问题意识

7、中华传统文化是我们民族的“根”和“魂”，如果抛弃传统、丢掉根本，就等于割断了自己的（D）。

A. 思想命脉

B. 文化命脉

C. 历史命脉

D. 精神命脉

8、在高校学生资助体系中，家庭经济困难学生一般可通过（A）解决学费、住宿费问题?

A. 国家助学贷款和国家励志奖学金

B. 国家助学贷款和国家奖学金

C. 国家助学贷款和国家助学金

D. 国家助学贷款和国家奖助学金

9.《国家中长期教育改革和发展规划纲要（2010—2020）》提出，到2020年，主要劳动年龄人口均匀受教育年限从9.5年进步到（ ）年，其中受过高等教育的比例达到（C）。

A. 12.2，30%

B. 12.2，20%

C. 11.2，20%

D. 11.2，30%

10. 根据《高等教育法》，经国务院教育行政部门批准，科学研究机构可以承担（D）的任务。

A. 高级中等教育

B. 专科教育

C. 本科教育

D. 研究生教育

11. 2016年12月7日至8日，党中央召开全国高校思想政治工作会议，习近平总书记强调做好高校思想政治工作，要（B）。

A. 因事而化、因时而新、因势而进。

B. 因事而化、因时而进、因势而新。

C. 因事而异、因时而变、因势而新。

D. 因事而异、因时而变、因势而进。

12. 近日，国家卫生计生委等22个部门共同印发我国首个针对加强心理健康服务的宏观指导性文件《关于加强心理健康服务的指导意见》，提出教育系统要进一步完善学生心理健康服务体系，提高心理健康教育与咨询服务的专业化水平。每所高等院校均设立心理健康教育与咨询中心（室），按照师生比不少于（D）配备从事心理辅导与咨询服务的专业教师。

A. 1∶200

B. 1∶2000

C. 1∶400

D. 1∶4000

13. 根据《普通高等学校学生管理规定》，学生对复查决定有异议的，在接到学校复查决定书之日起（C）个工作日内，可以向学校所在地省级教育行政部门提出书面申诉。

A. 5

B. 10

C. 15

D. 30

14. 2016 年 1 月，中共中央办公厅、国务院办公厅印发了《关于实施中华优秀传统文化传承发展工程的意见》，总体目标是到（B）年中华优秀传统文化传承发展体系基本形成。

A. 2020

B. 2025

C. 2030

D. 2049

15.《普通高等学校辅导员培训规划（2013—2017 年）》提出，到 2017 年，专职辅导员队伍中具有硕士以上学位比例由目前的 40% 增长到（B）。

A. 50%

B. 60%

C. 70%

D. 80%

16. 根据《普通高等学校辅导员队伍建设规定》，高等学校总体上要按师生比不低于（D）的比例设置本、专科生一线专职辅导员岗位。

A. 1∶50

B. 1∶100

C. 1∶150

D. 1∶200

17. 党章总纲指出：马克思列宁主义揭示了（C），它的基本原理是正确的，具有强大的生命力。

A. 共产党执政规律

B. 社会主义建设规律

C. 人类社会历史发展规律

D. 社会主义发展规律

18. 根据《普通高等学校学生管理规定》，新生入学后，学校在（B）内按照国家招生计划对其进行复查。

A. 一个月

B. 三个月

C. 六个月

D. 一年

19. 《中国共产党章程》由总纲和（　）章、（　）条构成。（C）

A. 8，47

B. 10，51

C. 11，53

D. 12，51

20. 根据《高等学校辅导员职业能力标准（暂行）》规定，高等学校辅导员参与入职培训期限为不少于（B）标准学时。

A. 24

B. 40

C. 48

D. 60

二、不定项选择题（10 分）

说明：该部分共有 10 道题目。在每道题目给出的选项中，至少有一项是正确的。请将正确选项的序号依次写在答题纸上每题对应的括号里面。完全答对一题得1分，多选、少选、错选等情况均不得分。

21. “两学一做”学习教育方案指出，着眼党和国家事业的新发展对党员的新要求，坚持以知促行，做（ABCD）的合格党员。

A. 讲政治、有信念

B. 讲规矩、有纪律

C. 讲道德、有品行

D. 讲奉献、有作为

E. 讲原则、有立场

22. 中国共产党全体党员和各级党员领导干部必须（ABCD），努力弘扬中华民族传统美德，廉洁自律，接受监督，永葆党的先进性和纯洁性。

A. 坚定共产主义理想和中国特色社会主义信念

B. 坚持全心全意为人民服务根本宗旨

C. 继承发扬党的优良传统和作风

D. 自觉培养高尚道德情操

23. 在全国高校思想政治工作会议上，习近平总书记指出要着眼环境条件的发展变化，把握高校育人的关键环节，并对推进高校思想政治工作改革创新提出了明确要求。总书记强调要遵循（ACD），不断提高工作能力和水平。

A. 思想政治工作规律

B. 高校党建工作规律

C. 教书育人规律

D. 学生成长规律

24. 《普通高等学校学生管理规定》中将学生纪律处分的种类分为哪几种？（ABCEF）

A. 警告

B. 严重警告

C. 记过

D. 记大过

E. 留校察看

F. 开除学籍

25. 2013 年 5 月 1 日正式实施的《中华人民共和国精神卫生法》中对心理咨询人员做出的规定包括：（AC）。

A. 应当尊重接受咨询人员的隐私

B. 可以从事心理治疗或者精神障碍的诊断、治疗

C. 为接受咨询人员保守秘密

D. 将可能患有精神障碍的人员送到符合规定的医疗机构就诊

26. 2014 年 10 月 23 日，中共十八届四中全会通过的《中共中央关于全面推进依法治国若干重大问题的决定》提出，全面推进依法治国，总目标是建设中国特色社会主义法治体系，建设社会主义法治国家，促进国家治理体系和治理能力现代化。其特征是（ABCD）。

A. 科学立法

B. 严格执法

C. 公正司法

D. 全民守法

27. 大学生职业生涯辅导的主要内容有：（ABCDE）。

A. 认识自我

B. 认识职业环境

C. 职业决策

D. 提升求职技巧

E. 了解就业政策

28. 2017 年 3 月，中共教育部党组印发了《普通高等学校学生党建工作标准》的通知，明确规定：（CDE）。

A. 合理控制学生党支部党员人数规模，一般在 20 人以内。

B. 推动学生党建工作队伍专业化、职业化建设，落实职务职级“双线”晋升办法和保障激励机制，实行职务（职称）评审单列指标、统一标准、优先评审。

C. 落实专职思想政治工作人员和党务工作人员不低于全校师生人数的 1% 的要求

D. 确保学生党建工作力量配置，每个院（系）至少配备 1—2 名专职

组织员

E. 按师生比不低于1：200的比例设置专职辅导员岗位。

29. 教育部、财政部、国家发展改革委制定了《统筹推进世界一流大学和一流学科建设实施办法（暂行）》，落实立德树人根本任务，其基本原则是（ABDE）。

A. 坚持以一流为目的

B. 坚持以学科为基础

C. 坚持以创新为主导

D. 坚持以改革为动力

E. 坚持以绩效为杠杆

30. 近日，教育部颁布了新修订的《普通高等学校学生管理规定》（教育部令第41号，以下简称《规定》）。修订后的《规定》共分7章68条，围绕一切为了学生发展的理念，凸显了五个方面的特点，分别是（ABCEF）。

A. 突出高校立德树人根本要求

B. 为学生创新创业提供制度支持

C. 更加注重保护学生权益

D. 更加注重以文化人

E. 促进学生自我管理

F. 推进高校依法治校

三、改错题（10分）

说明：该部分共有5道题目，每题2分。请原题表述错误地方誊写到答题纸上并在后面附上正确答案。

1. 高校“双一流”建设，每五年一个建设周期，2017年开始新一轮建设。建设高校实行总量控制、开放竞争、动态调整、绩效考核。

答：改为“2016年”，去掉“绩效考核”。

2. 习近平总书记强调思想政治工作从根本上说是做人的工作，必须围绕学生、关心学生、服务学生，不断提高学生思想水平、政治觉悟、道德品质、文化素养，让学生成为德才兼备、全面发展的人才。

答："关心"改为"关照"。

3. 大学必须设有五个以上国家规定的学科门类为主要学科。设立高等学校的具体标准由教育部制定。

答："五个"改为"三个"，"教育部"改为"国务院"。

4. 除开除学籍处分以外，给予学生处分一般应当设置3个到6个月期限，到期按学校规定程序予以解除。

答："3个到6个月"改为"6个到12个月"。

5. 密切联系群众、武装斗争、党的建设，是中国共产党在中国革命中战胜敌人的三大法宝。

答："密切联系群众"改为"统一战线"。

四、简答题（10分）

说明：该部分共有2道题目，每题5分，计10分。请在答题纸上作答。

1. 新修订的《普通高等学校学生管理规定》将于2017年9月1日开始实施，请简要回答鼓励大学生创新创业的举措。

答：一是规定新生可以申请保留入学资格开展创新创业实践，入学后也可以申请休学开展创业。

二是规定参加创新创业等活动以及发表论文、获得专利授权等与专业学习、学业要求相关的经历、成果，可以折算为学分，计入学业成绩，鼓励学校建立创新创业档案、设置创新创业学分，加强学生的创新创业教育。

三是对休学创业的学生，可以单独规定最长学习年限，并简化休学批准程序，突出对学生创新思维、创业精神和创新创业实践能力的培养。

四是规定创新实践、休学创业的学生，经个人申请学校批准可以转入相关专业学习，降低学生创业的机会成本，让学生在自主创业方面有更大的选择空间。

2. 文化是民族的血脉，是人民的精神家园。文化自信是更基本、更深层、更持久的力量。中华文化独一无二的理念、智慧、气度、神韵，增添了中国人民和中华民族内心深处的自信和自豪。为建设社会主义文化强国，增强国家文化软实力，实现中华民族伟大复兴的中国梦，中共中央办公厅、国务院办公厅印发了《关于实施中华优秀传统文化传承发展工程的意见》（以下简称《意见》），《意见》中提出实施中华优秀传统文化发展工程应坚持的基本原则和重要任务是什么？

答：基本原则：牢牢把握社会主义先进文化前进方向；

坚持以人民为中心的工作导向；

坚持创造性转化和创新性发展；

坚持交流互鉴、开放包容；坚持统筹协调、形成合力。

重要任务：深入阐发文化精髓；

贯穿国民教育始终；

保护传承文化遗产；

滋养文艺创作；

融入生产生活；

加大宣传教育力度；

推动中外文化交流互鉴。

五、论述题（30 分）

说明：该部分共有 2 道题目，每题 15 分，计 30 分。请在答题纸上作答。

1. 试论如何以社会主义核心价值体系引领高校校园文化建设。

答：把教育引导作为基础性工作，区分层次，突出重点；立足中华优秀传统文化；大力弘扬爱国主义精神；突出道德价值的作用；在落细、落小、落实上下功夫；

牢牢把握校园文化建设的正确方向；打造“毕生难忘”的思想政治理论体系；开展“色彩斑斓”的生活导引；搭建“形神兼备”的宣传鼓动平台等等。

2. 2016 年 12 月 7 日至 8 日，全国高校思想政治工作会议在北京召开，中共中央总书记、国家主席、中央军委主席习近平出席会议并发表重要讲话，请结合讲话精神，谈谈如何做好高校思想政治工作。

答：四个正确认识：正确认识世界和中国发展大势、中国特色和国际比较、时代责任和历史使命，以及远大抱负和脚踏实地。

五个要：做好高校思想政治工作，要因事而化、因时而进、因势而新。

要遵循思想政治工作规律，遵循教书育人规律，遵循学生成长规律，不断提高工作能力和水平。

要用好课堂教学这个主渠道，思想政治理论课要坚持在改进中加强，提升思想政治教育亲和力和针对性，满足学生成长发展需求和期待，其他各门课都要守好一段渠、种好责任田，使各类课程与思想政治理论课同向同行，形成协同效应。

要加快构建中国特色哲学社会科学学科体系和教材体系，推出更多高水平教材，创新学术话语体系，建立科学权威、公开透明的哲学社会科学成果评价体系，努力构建全方位、全领域、全要素的哲学社会科学体系。

要更加注重以文化人以文育人，广泛开展文明校园创建，开展形式多样、健康向上、格调高雅的校园文化活动，广泛开展各类社会实践。

要运用新媒体新技术使工作活起来，推动思想政治工作传统优势同信息技术高度融合，增强时代感和吸引力。

六、网文写作（30 分）

某大学毕业生信仰基督教半年，目前在一家机关单位工作，因工作的发展前景需要入党。但他在“平安喜乐的信仰”和“仕途发展”中犹豫不决，不知道是否应该申请入党。

请以《共产党员不能信仰宗教》为题，写一篇网文，谈谈自己对此类事情的看法。

案例分析

1. 在入党推优过程中，有同学向你举报入党积极分子小梦同学信仰存在问题。经了解，小梦同学家庭贫困，家中曾接受基督教捐赠，自身受基督教徒资助读书，因而心怀感激，课余时间参加了教堂活动，晨读诵读了

《圣经》。你该如何处理？

2. 小林大一入学后对本专业不感兴趣，想退学但父母不同意，这种状态从大一持续到大三，小林情绪受到影响，近期有抑郁表现并执意退学。你该如何处理？

3. 学院正在举办“十佳大学生网络人气奖”的评选，有学生向你反映有同学存在拉票刷票行为，请问你该如何处理？

4. 网上流传污蔑邱少云烈士的段子，学生在校内论坛转发跟帖，众说纷纭。有党员建议学院组织关于历史虚无主义的大讨论，请问你该如何处理？

5. 学期末临近寒假，大三学生小文独自参加社会社团组织的冰雪嘉年华活动，在滑雪场滑雪时不慎受伤，目前正在医院抢救。家属们群情激愤，要来学校讨个说法，你该如何处理？

6. 某艺术专业的硕士二年级女生小雨，偶然得知一个网络真人秀节目正在招募固定班底主持人，便拉上同专业的好朋友小飒一同前往面试。结果，小飒进入了下一轮选拔，小雨却与之失之交臂。小雨因此心存不满，在其他同学中说小飒是被潜规则的心机女等。小飒因此感觉十分委屈，向你哭诉求助。对此，你将如何处理?

7. 2016 年 1 月 29 日召开的中共中央政治局会议提出增强“政治意识、大局意识、核心意识、看齐意识”。有学生党员认为，增强四个意识是对党员干部提出的要求，自己身为一名普通的学生党员，与此无关，学习积极性和认同感均不强。你会如何开展工作?

8. 2016 年美国总统大选中，特朗普击败希拉里当选新一届美国总统。有同学认为这充分展现了美式民主的优越性，是“美国梦”的最好体现；还有同学提出我国应以此为鉴，大胆尝试政治制度改革。对此，你将如何开展教育引导工作?

9. 你班上大四学生小金在秋季学期英语六级考试中作弊，因为他已经签约的工作要求他毕业前必须通过六级考试，取得毕业证。小金向你求助，希望你能替他说情以求得顺利毕业。对此，你会怎么做?

10. 某学生毕业后半年仍未还清助学贷款，辅导员多方寻找仍未找到该学生，成为死账。还有一些学生因为家庭经济持续困难，无力还贷。对于这些情况，你会如何处理？

11. 为了借助新媒体更加有效地开展学院学生工作，你指导学生干部创建了一个微信公共账号，但是两个月过去了，关注该账号的学生仍很少，还不足学院学生总数的1/20，对此，你会怎么办？

12. 在“两学一做”学习教育活动中，学生党支部开展组织生活会民主评议党员。一些支部书记向你反映，有部分党员觉得开会是走形式，而以要看书写作业为由不参加活动，也有个别党员在开展批评时吐槽对学校及学院的各种不满，极大地影响了组织生活会的效果。你该怎么解决？

13. 一天午休时，你突然接到一条未署名的陌生短信，短信中说是你的学生，最近因导师要求太严而压力太大，有种想不开、不想活的感觉。你该怎么办？

14. 你班上大三学生小李在网上看到发财致富的好点子，于是想休学创业，但是家长强烈反对，家长对小李说如果敢休学创业就断了每月的生活费。小李不以为意，仍坚持休学，你该怎么办？

15. 院系团委正在举行“我为社会主义核心价值观代言”的主题活动，可你发现有部分同学对此持不同意见，并在网上发帖称某学校举办洗脑活动、培育五毛等，作为辅导员的你该如何处理?

16. 班长向你反映班里同学希望每参加一次班级活动都能计入综合测评加分项或者计入志愿服务时长，否则就不想参加班级活动。请问你该怎么办?

17. 刘某，女，大二暑假期间在家长的支持下参加海外志愿者活动，赴印度尼西亚从事志愿支教工作，接触了许多具有多元文化背景的人。回校之后，她在境外人员资金支持下，设计制作了宣传单，广泛张贴，招聘组织成员，保卫部门找到她时，她拒绝说出资助者，作为她的辅导员，你该如何应对呢?

18. 某大四男生上党课时，多次缺席，党课考试来临，该生找到辅导员，表示自己因实习等各种原因而缺党课次数较多，按照规定无法参加考试，会被挂掉，但是入党对自己找工作非常重要，希望辅导员能帮忙，网开一面，让自己参加考试。你应该如何应对?

19. 你在给学生上“形势与政策”课时介绍党的思想政治教育政策。课间休息时一位学生往讲台上放了5毛钱。你应该如何应对?

20. 学生孙某发送敏感短信内容，并被公安机关掌握。此前，他刚在境外交换学习一年，接触了大量相关反动言论与信息。接到学校相关部门的情况通报后，你将如何应对?

谈心谈话

1. 某男生宿舍连续三年频繁丢东西，该宿舍小王同学两次被宿舍同学发现偷东西。最近宿舍又开始丢东西，宿舍同学向你报告此事，强烈要求小王搬离宿舍，要求学校开除小王。你该如何处理?

2. 你班上学生小叶是古典诗词爱好者，寒假观看央视《中国诗词大会》后下定决心要参加明年的比赛，于是每天穿汉服，逃课背古诗词，几乎将所有时间都用在诗词上。请问你该怎么办?

3. 女生小李患有重度抑郁，高中时喝农药自杀未遂，入学时家长隐瞒此事，认为孩子只是要小脾气而不是患病。近期小李租住在校外，学业成绩不佳。家长来到你办公室，你如何处理?

4.“二孩”政策放开以来，女毕业生小晨在求职过程中屡屡被问及将来是否考虑要二孩的问题，可无论她怎么回答，最终都没有被用人单位录用，引发女生们的困扰。于是，小晨向你求助……

5. 2016 年是红军长征胜利 80 周年，两位预备党员受到长征精神鼓舞，计划请假一学期重走长征路，已经制定了详细的计划，今天特地来向你请假，你该如何处理？

6. 全国高校思想政治工作会议召开后，本学期，学校党委要求各研究生党支部分别开展一次会议精神教育活动。某毕业班博士党支部书记小王发现支部党员参与积极性不强，纷纷以修改论文和求职等为由请假。小王感到非常为难，于是向你求助……

7. 大三学生小李了解到教育部新修订的《普通高等学校学生管理规定》中有很多鼓励大学生创新创业的举措，心中一直酝酿的创业“金点子”蠢蠢欲动，于是打算休学创业，他来与你商量，你如何处理？

8. 学校举办男子足球联赛，你所在院系的男足队与留学生队在赛场上发生冲突，主要起因是本院一名大四男生小胡与对方一名韩国留学生队员小崔发生口角，继而升级为肢体冲撞，比赛被迫中止。闻讯后，你立即赶到现场，看到两名同学虽然已经被拉开，但都气呼呼的。你会如何处理？

9. 阳春三月，学院分团委组织各团支部展开“学习雷锋精神”的系列主题团日活动。分团委宣传部为了给活动造势，提前对全院青年团员进行了抽样调查，结果发现，有些同学对于雷锋事迹的真实性存疑，并且提出雷锋精神是上个世纪的产物，质疑继续学习的必要性。分团委宣传部部长小琪带着这些结果找到你，寻求解答……

10. 北京市政府于 2017 年 3 月中旬开始接连出台多项控制房价的政策措施，由此引发一系列关于学区房、假离婚、商住房、过道房等的讨论，还有一篇《学历不如学区房值钱》的帖子在网络上流传甚广。一位对社会民生向来比较关注的学生小林，对此有些想法和困惑，于是找到你……

11. 你是某理工科院系大一本科班的班主任，第一学期结束后，你发现班上一位男生小蔡的学习成绩非常奇特。他的专业课和高等数学、天文物理等难度很大的课程都分数颇高，但是思想政治理论课和形势政策课的分数却很低，还出现一门不及格的情况。对此，你约他来办公室谈谈……

12. 女硕士小廖，因家庭条件较为困难，决定成为微商。她加盟了一家高仿包的制作贩卖公司，并找一家校园网贷公司高息借出 1 万元的启动资金。但是她经营不久，就被人发现是在卖假货，且质量极差，屡遭退货甚至辱骂。她试图求助公司的“上线”，但是对方已经人间蒸发，联系不上。她又因无法及时还上网贷而利息越滚越多。惊慌无奈之下，她想到求助于自己的辅导员…

13. 大三女生小宋，与同在本市读书的高中校友谈恋爱，过程中多次吵闹分手。最近一次争吵后，男友以“你根本就不是真心要跟我在一起”为理由斥责她，小宋说“我发誓自己是真心的”，男友便激她“敢不敢马上去领结婚证”，结果两个人真的偷偷从学校拿出户口，在没有告知任何人的情况下，登记结婚了。之后，小宋越想越担忧，纠结着来到你的办公室寻求建议……

14. 大一新生小孙在高中曾被诊断为中度“双向情感障碍（狂躁症状与抑郁症状交替出现）”，虽然经过治疗已达到入学标准，但是此事成为他较为沉重的心理负担，时刻担心病情复发影响学业。入学以来，他从不主动与同学交流，有时还会在笔记本上反复描写“静、忍”等字样，甚至把纸张写破。你了解到这些情况，来到宿舍找到他……

15. 在大四刚开学的保研申请中，学习成绩优异的小徐因为没有参加任何学生活动，其综合成绩不增反降，最终以一名之差失去了保研资格。对此，她感到非常不公平，并且对学院的保研政策颇有微词。于是，你约她来办公室谈谈……

16. 你班上学生小王用自己的锁锁住一辆共享单车，被同学拍照上传到校园 BBS 上，同学们对小王的一片指责之声，并且人肉起小王的信息。小王向你求助，你该如何处理?

17. 富二代女生小莉面容姣好，通过课余兼职网络主播日进斗金，经常在同学面前炫耀，引起同学反感。于是，你把小莉约到办公室……

18. 你班上一名学生向你报告，他们宿舍一同学的笔记本电脑被盗，大家怀疑是同宿舍小刘同学所为。你来到这间宿舍，该如何处理呢?

19. 学生小王因美国在韩国部署萨德系统而愤慨不已，已经约好几位同学准备好横幅，决定明天去大使馆前游行示威，还在学生群里说到时会进行网络直播。了解到这一情况，你该如何处理?

20. 研究生二年级学生小美立志毕业后从事公务员工作，但到了研二下学期还没被发展为党员，其母亲带着礼品来到你办公室，希望跟你聊一聊。

2018 年

初赛试题

一、单项选择题（10 分）

说明：该部分共有 20 道题目，每题 0.5 分，计 10 分。请在答题纸上作答。

1. 习近平新时代中国特色社会主义思想，明确了中国特色社会主义最本质的特征是中国共产党领导，中国特色社会主义制度的最大优势是（A），党是最高政治领导力量，提出新时代党的建设总要求，突出政治建设在党的建设中的重要地位。

A. 中国共产党领导

B. 集中力量办大事

C. 调动最广大人民的积极性

D. 共产党领导的多党合作和政治协商制度

2. 习近平新时代中国特色社会主义思想，明确了全面深化改革总目标是完善和发展（A）、推进国家治理体系和治理能力现代化。

A. 中国特色社会主义制度

B. 中国特色社会主义经济

C. 中国特色社会主义治理结构

D. 中国特色社会主义社会结构

3. 习近平总书记强调，我国高等教育发展方向要同我国发展的现实目标和未来方向紧密联系在一起，为人民服务，为中国共产党治国理政服务，为巩固和发展中国特色社会主义制度服务，（C）。

A. 为实现中华民族伟大复兴的中国梦服务

B. 为实现社会主义初级阶段的历史任务服务

C. 为改革开放和社会主义现代化建设服务

D. 为推进社会主义建设事业服务

4. 习近平总书记强调，要教育引导学生正确认识世界和中国发展大势，从（D）中，认识和把握人类社会发展的历史必然性，认识和把握中国特色社会主义的历史必然性，不断树立为共产主义远大理想和中国特色社会主义共同理想而奋斗的信念和信心。

A. 马克思主义理论在世界和中国的历史发展过程

B. 社会主义发展的曲折历史过程

C. 马克思主义理论中国化的历史过程

D. 我们党探索中国特色社会主义历史发展和伟大实践

5.“十九大”的主题是：不忘初心，（B），高举中国特色社会主义伟大旗帜，决胜全面建成小康社会，夺取新时代中国特色社会主义伟大胜利，为实现中华民族伟大复兴的中国梦不懈奋斗。

A. 继续前进

B. 牢记使命

C. 方得始终

D. 砥砺前行

6. 十九大报告中指出，（C）是最大的民生。

A. 教育

B. 住房

C. 就业

D. 医疗

7. 中国特色社会主义进入新时代，我国社会主要矛盾已经转化为人民日益增长的（ D ）需要和（　）的发展之间的矛盾。

A. 美好生活　不充分不平衡

B. 幸福生活　不平衡不充分

C. 幸福生活　不充分不平衡

D. 美好生活　不平衡不充分

8.《宪法》第三条规定，中央和地方的国家机构职权的划分，遵循在中央的统一领导下，充分发挥地方的（C）的原则。

A. 主动性、灵活性

B. 原则性、灵活性

C. 主动性、积极性

D. 原则性、积极性

9.《中国共产党章程》第五条内容明确规定：发展党员，必须把（A）放在首位，经过党的支部，坚持（　）的原则。

A. 政治标准；个别吸收

B. 政治立场；宁缺毋滥

C. 政治标准；成熟一个发展一个

D. 政治立场；成熟一个发展一个

10. 中共中央十一届三中全会的中心议题是讨论（B）。

A. “文革”历史错误

B. 把全党工作的重点转移到社会主义现代化建设上来

C. 消除“两个凡是”的错误影响

D. 改革开放的路线方针

11. 恩格斯曾评论马克思的两大历史发现是（A）和（　）。

A. 唯物史观；剩余价值论

B. 唯物论；辩证法

C. 历史唯物主义；辩证唯物主义

D. 唯物史观；科学社会主义

12. 1928 年 6 月，中国共产党在（A）召开了第（　）次全国代表大会。

A. 莫斯科；六

B. 武汉；四

C. 汉口；六

D. 莫斯科；四

13.《高校思想政治工作质量提升工程实施纲要》中指出，要强化咨询服务，提高心理健康教育咨询与服务中心建设水平，按照师生比不低于（C）配备心理健康教育专业教师，每校至少配备（ ）名专业教师。

A. 1∶2000　2

B. 1∶3000　4

C. 1∶4000　2

D. 1∶5000　4

14. 2017 年底，北京市委组织部印发《关于加强党支部规范化建设的意见》，指出要按照“一年普及打基础、两年深化出成果、三年全面上台阶”的要求切实扩大先进支部增量、提升中间支部水平、整顿后进支部，到（A）年实现软弱涣散和后进党支部全部转化，达到（ ）“五有”目标，让党的旗帜在京华大地高高飘扬。

A. 2020　有队伍、有活动、有阵地、有制度、有保障

B. 2021　有队伍、有力量、有阵地、有制度、有保障

C. 2035　有队伍、有活力、有阵地、有制度、有保障

D. 2050　有队伍、有力量、有阵地、有制度、有保障

15.《中长期青年发展规划（2016—2025 年）》所指的青年，年龄范围是（B）周岁。

A. 14—28

B. 14—35

C. 16—36

D. 14—32

16. 国家设立高等学校学生（D）和贷学金，并鼓励高等学校、企业事业组织、社会团体以及其他社会组织和个人设立各种形式的助学金，对家庭经济困难的学生提供帮助。

A. 助学金

B. 奖学金

C. 助学贷款

D. 勤工助学基金

17. 高等学校应当为（B）提供就业指导和服务。国家鼓励高等学校毕业生到（ ）地区工作。

A. 毕业生　　　　　　边远

B. 毕业生、结业生　　边远、艰苦

C. 毕业生　　　　　　西部、艰苦

D. 毕业生、结业生　　西部、艰苦

18. 2018 年，共青团中央印发《关于推进青年志愿服务工作改革发展的意见》，总体目标是到（B）年，实名注册的青年志愿者总数突破 1 亿人。

A. 2020

B. 2025

C. 2035

D. 2049

19. 除开除学籍处分以外，给予学生处分一般应当设置（D）个月期限，到期按学校规定程序予以解除。

A. 1 到 3

B. 3 到 6

C. 3 到 12

D. 6 到 12

20. 根据《高等学校辅导员职业能力标准（暂行）》规定，初级、中级、高级辅导员一般工作年限分别为（C）。

A. 1—2 年　3—5 年　5 年以上

B. 1—3 年　4—6 年　6 年以上

C. 1—3 年　4—8 年　8 年以上

D. 1—5 年　6—8 年　8 年以上

二、不定项选择题（10 分）

说明：该部分共有 10 道题目。在每道题目给出的选项中，至少有一项是正确的。请将正确选项的序号依次写在答题纸上每题对应的括号里面。完全答对一题得 1 分，多选、少选、错选等情况均不得分。

1. 2018 年 3 月 20 日上午，国家主席习近平在十三届全国人大一次会议闭幕会上发表重要讲话。对于中国人民在长期奋斗中培育、继承、发展起来的伟大民族精神，他的最新论断包括（ABCD）。

A. 中国人民是具有伟大创造精神的人民

B. 中国人民是具有伟大奋斗精神的人民

C. 中国人民是具有伟大团结精神的人民

D. 中国人民是具有伟大梦想精神的人民

E. 中国人民是具有伟大劳动精神的人民

2. 十九大报告中指出，新时代党的建设总要求是：坚持和加强党的全面领导，坚持党要管党、全面从严治党，以加强党的（AB）为主线。

A. 长期执政能力建设

B. 先进性和纯洁性建设

C. 政治建设

D. 思想建设

3. 十九大报告中指出，要深刻认识党面临的执政考验、（ABD）的长期性和复杂性。

A. 改革开放考验

B. 市场经济考验

C. 消极腐败考验

D. 外部环境考验

4. 2018 年 3 月 11 日，第十三届全国人民代表大会第一次会议通过《中华人民共和国宪法修正案》，新增（AC）作为指导思想写入宪法。

A. 科学发展观

B. “三个代表”重要思想

C. 习近平新时代中国特色社会主义思想

D. 邓小平理论

5. 党的三大作风是（BCD）。

A. 艰苦奋斗

B. 理论联系实际

C. 密切联系群众

D. 批评和自我批评

6. 发展党员的总要求是：（ABCE）。

A. 控制总量

B. 优化结构

C. 提高质量

D. 个别吸收

E. 发挥作用

7. 以下哪些为党员廉洁自律规范中的内容（ABCD）。

A. 公私分明

B. 崇廉拒腐

C. 尚俭戒奢

D. 吃苦在前

8. 党的纪律主要包括政治纪律、组织纪律、廉洁纪律、（BCD）。

A. 宣传纪律

B. 群众纪律

C. 工作纪律

D. 生活纪律

9. 对党员的纪律处分有：警告、严重警告、（CD）、开除党籍。

A. 记过

B. 记大过

C. 撤销党内职务

D. 留党察看

10. 民族团结的“三个离不开”是指（ACD）。

A. 汉族离不开少数民族

B. 汉族离不开其他民族

C. 少数民族离不开汉族

D. 各少数民族之间互相离不开

三、改错题（10 分）

说明：该部分共有 5 道题目，每题 2 分。请原题表述错误地方誊写到答题纸上并在后面附上正确答案。

1.《宪法》第五条规定：中华人民共和国实行依法治国，建设社会主义法治国家。国家维护社会主义法治的统一和尊严。

出自：《宪法》。

改正：最后一句“国家维护社会主义法治的统一和尊严”中的“法治”改为“法制”。

2. 文化自信决定文化前进方向和发展道路。

出自：《十九大报告》。

改正：“文化自信”改为“意识形态”。

3.《共产党宣言》全文分为：引言、资产者和无产者、生产力和生产关系、社会主义的和共产主义的文献、共产党人对各种反对党派的态度。

出自：《共产党宣言》。

改正：“生产力和生产关系”改为“无产者和共产党人”。

4. 统筹推进高校党政干部和共青团干部、思想政治理论课教师、辅导员和班主任、心理健康教育教师和学生骨干等宣传思想工作队伍建设，培育建设网络评论队伍，是全面落实新形势下高校宣传思想工作战略任务的基础工程。

出自：《中共中央宣传部、中共教育部党组关于加强和改进高校宣传思想工作队伍建设的意见》

改正：在“思想政治理论课教师”后面增加“和哲学社会科学课教师”。

5. 把综合素质作为发展学生党员的重要考察内容，全面考察思想政治、能力素质、道德品行、现实表现等方面的具体标准，注重学生的一贯表现和关键时刻表现、学习情况和社会实践情况，防止把学习成绩作为党员发展的唯一条件。

出自：《普通高等学校学生党建工作标准》。

改正：在“学习情况和社会实践情况”前面，增加“自我评价和群众评议、”。

四、简答题（10分）

说明：该部分共有2道题目，每题5分，计10分。请在答题纸上作答。

1. 新时代中国特色社会主义思想的主要内容。

答：八个明确和十四个坚持。

2. 2018年5月2日，习近平总书记视察北京大学时对广大青年提出的希望的具体内容。

答：广大青年要忠于祖国、忠于人民；要立鸿鹄志、做奋斗者；要求真学问、练真本领；要知行合一、做实干家；要有社会主义建设者和接班人的使命担当。

五、论述题（30分）

说明：该部分共有2道题目，每题15分，计30分。请在答题纸上作答。

1. 社会主要矛盾变化对新时代高校辅导员工作的新要求。

2. 高校辅导员应如何在大数据背景下做好创新创业教育？

六、网文写作（30分）

今年是马克思诞辰200周年，也是《共产党宣言》诞生170周年。我国始终坚持马克思主义在意识形态的指导地位，对此，有部分学生感到不解，提出“既然贯彻双百方针，为什么还要把马克思主义放在指导地位？”请结合习近平总书记在2018年5月2日视察北京大学时的重要讲话精神，针对这一问题，写一篇网文。

答题要点参考：

要点一：该问题反映了青年在各种社会思潮的影响下出现了认识不清、思想不牢、信念不坚定的问题。

要点二：指导思想的一元性和学术流派的多样性是两个不同层次的问

题。马克思主义对学术研究的指导和其他具体的研究内容方法并不冲突。学术研究无禁区、课堂讲授有纪律。

要点三：要贯彻、坚持马克思主义的批判功能，有说服力的批判会让真理越辨越明，也会说服大学生，培养坚定的青年马克思主义者。

要点四：我们对马克思和《共产党宣言》的最好纪念，就是把党的十九大精神和新时代中国特色社会主义思想这一当代中国马克思主义研究好、宣传好、贯彻好。

要点五：广大青年要忠于祖国、忠于人民，了解中华民族历史，秉承中华文化基因，有民族自豪感和文化自信心，把自己的理想同祖国的前途、把自己的人生同民族的命运紧密联系在一起，扎根人民，奉献国家。要立鸿鹄志、做奋斗者，培养奋斗精神，做到理想坚定，信念执著，不怕困难，勇于开拓，顽强拼搏，永不气馁。要求真学问、练真本领，通过学习知识，掌握事物发展规律，通晓天下道理，丰富学识，增长见识，更好为国争光、为民造福。要知行合一、做实干家，面向实际、深入实践，严谨务实、苦干实干，在新时代干出一番事业。要以社会主义建设者和接班人的使命担当，为全面建成小康社会、全面建设社会主义现代化强国而努力奋斗，让中华民族伟大复兴在我们的奋斗中梦想成真。

案例分析

1. 某党员非常憎恨精日分子，看到王毅部长说精日分子是民族的败类，在朋友圈进行转发，言辞激昂。但是，朋友圈的评论有的支持她，有的却说她过于激进，甚至有评论对她进行了人身攻击。她非常苦恼，郁郁寡欢——为什么明明自己的三观是正确的，还是有人要反对。你要怎么处理？

2. 美国对中兴进行了芯片制裁后，有一名党员同学在微博发转发了一名大v的文章《现在向美国下跪还来得及》，并评论该文章中肯，别的文章都是粉饰太平。这名党员同学平日在支部和班级表现都很好，你还在考虑选聘他做你们支部的副书记。这时你该怎么办？

3. 近日，网络报道警察救人英勇牺牲的事迹，你班上的一个学生在个人朋友圈中发表如下言论：“牺牲按政策办事就好了，保护群众这种字眼不要乱加，谢谢。”作为他的辅导员，你如何处理？

4. 小王是你所在学院地理信息系统专业的研究生，因为家庭经济困难，在网上应征了一个“私人导游”工作，雇主要求他手持GPS接收器在本市一些标有“军事管理区”的地段“游览”并记录。小王刚刚抵达要求地点就被巡警发现了，联系到了你。你会怎么做？

5. 小叶（男）是你所在学院的一名大四学生，近期跟一名同性的社会人士确定了恋爱关系，并且已经搬到校外居住。室友和班级同学得知后，有了一些议论。对此，你会怎么做？

谈心谈话

1. 你所带的一名研究生小 A 和一家北京的国企签了三方，解决户口，然后这时她又想去考公务员，公务员资格审核需要就业推荐表，该同学便伪造了一份就业推荐表进行了资格审核，并通过了公务员考试。公务员单位来学校政审，该学生希望你配合隐瞒，到办公室找到你……

2. 我国海军实战演习后，你所带的三名同学在宿舍打架。原因是，A 同学认为台湾必须要和平解放，打仗只会两败俱伤；B 同学认为必须打仗才能收复台湾，A、B 同学争得不可开交，C 同学为了劝架，说别吵了，这和你们有什么关系，不收复台湾怎么了。结果，C 同学被打了一顿，小 C 同学觉得很委屈，拉着 A、B 同学找到你。

3. 小 A 和小 B（女）是同宿舍的室友，同为你所在学院的大一学生。两人在学校的社团活动中同时认识了一位外院的大三的师兄，并且都对该师兄产生了好感。小 A 非常积极，主动邀请师兄吃饭，并且拉上小 B 陪同。对此小 B 感到非常尴尬，她决定找辅导员聊一聊。

4. 小 A 因为过度追求奢侈生活，在不同的网站借校园贷，后来还欺骗同学小B帮自己担保贷款1万元用于购买iphone X。因为还款不及时，小B被借贷公司追债，对此小B非常气愤，拉着小A找到辅导员要求解决问题。

5. 小A（女）是你所在学院的一名大三本科生，学业成绩优异、性格内向沉静，曾经担任某专业课的课代表，目前已经获得保研资格。她想保研到外校的相同专业，同时本院的有一位专业课任课教师（男）也向她发出了邀请，表示欢迎她来报考自己的硕士研究生。小A不知道如何选择，更不知道该怎么跟老师沟通，于是主动找到辅导员寻求帮助。

理论宣讲

1. 新思想引领新时代

2. 释放青春激情、追逐青春理想

图书在版编目（CIP）数据

高校辅导员思想政治教育实践探索：北京高校辅导员素质能力提升参考/王显芳主编．—北京：时事出版社，2020.12（2022.7重印）
ISBN 978-7-5195-0372-7

Ⅰ.①高…　Ⅱ.①王…　Ⅲ.①高等学校—辅导员—教师素质—能力培养—研究　Ⅳ.①G645.16

中国版本图书馆CIP数据核字（2020）第209646号

出版发行：时事出版社
地　　址：北京市海淀区彰化路138号西荣阁B座G2层
邮　　编：100097
发行热线：（010）88869831　88869832
传　　真：（010）88869875
电子邮箱：shishichubanshe@sina.com
网　　址：www.shishishe.com
印　　刷：北京建宏印刷有限公司

开本：787×1092　1/16　印张：11.25　字数：180千字
2020年12月第1版　2022年7月第2次印刷
定价：78.00元